COGNOSCERE HISTORIAS

Eine Reihe. Herausgegeben von Ulrich van der Heyden im trafo verlag

BAND 12

Kampf um die Inkastadt Cuzco

Aufzeichnungen eines anonymen
Zeitzeugen 1535–1539

Kampf um die Inkastadt Cuzco

Aufzeichnungen eines anonymen
Zeitzeugen 1535–1539

»Relación del sitio del Cuzco y principio de las guerras civiles del Perú, 1535 á 1539«. Veröffentlicht in den »Varias relaciones del Perú y Chile y conquista de la isla del Santa Catalina 1535 á 1658« in der Dokumentensammlung »Colección de libros españoles raros y curiosos« Band 13, Madrid 1879.

übersetzt, bearbeitet und eingeleitet durch

Mario Koch

tra*f*o verlag

Die Deutsche Bibliothek – CIP-Einheitsaufnahme

Koch, Mario:
Kampf um die Inkastadt Cuzco : Aufzeichnungen eines anonymen Zeitzeugen 1535–1539 / übersetzt, bearbeitet und eingeleitet durch Mario Koch. - Berlin : Trafo-Verl. Weist, 2001
  (Cognoscere Historias ; Bd. 12)
ISBN 3-89626-321-8

Reihe Cognoscere Historias
herausgegeben v. Ulrich van der Heyden

Band 12: Kampf um die Inkastadt Cuzco.
Aufzeichnungen eines anonymen Zeitzeugen 1535–1539

»Relación del sitio del Cuzco y principio de las guerras civiles del Perú, 1535 á 1539«.
Veröffentlicht in den »Varias relaciones del Perú y Chile y conquista de la isla del Santa Catalina 1535 á 1658« in der Dokumentensammlung »Collección de libros españoles raros y curiosos« Band 13, Madrid 1879.

übersetzt, bearbeitet und eingeleitet durch Mario Koch

ISBN 3-89626-321-8

© tra*f*o verlag dr. wolfgang weist, Berlin 2001
Finkenstraße 8, D-12621 Berlin, BRD
Fax: 030/56 70 19 49
e-Mail: trafoberlin@t-online.de

Satz: tra*f*o verlag
Umschlagbild: Die Gefangennahme des Inka Atahuallpa durch Pizarro
Druck: Druckerei Weinert GmbH, Berlin

Alle Rechte vorbehalten
Printed in Germany

Inhalt

Einleitung	7
Kampf um die Inkastadt Cuzco. (Aufzeichnungen eines anonymen Zeitzeugen 1535–1539)	21
Bildteil	110
Zur Reihe COGNOSCERE HISTORIAS *Ulrich van der Heyden*	123
Anmerkungen zum Originaltext	127
Ausgewählte weiterführende Literatur	138
Über den Autor	140
Bildnachweis	140

Für Antje und Franziska

EINLEITUNG

Als die Europäer im 16. Jahrhundert auf dem amerikanischen Festland mehr und mehr Fuß fassten, existierten auf dem Doppelkontinent noch zwei mächtige indianische Reiche: das der Azteken in Mexiko und das Reich der Inka mit dem Kernland in Peru. Und es ist bezeichnend, dass gerade diese beiden, gut organisierten, riesigen Reiche mit ihrem mächtigen wirtschaftlichen und militärischen Potential jeweils von einer »Handvoll« spanischer Abenteurer erobert worden sind. In beiden Fällen gelang es den spanischen Konquistadoren, die bestehenden politischen und ökonomischen Strukturen teilweise für sich zu nutzen und so den Untergang der indianischen Kultur jeweils in einem erstaunlich kurzen Zeitraum herbeizuführen.

Das Inkareich war durch eine jahrhundertelange Expansion der Inka entstanden, die ihr Zentrum in Cuzco hatten und von dort aus nach und nach den größten Teil des Andenraumes unter ihre Herrschaft brachten. Der Name »Inka« bezeichnet sowohl den obersten Machthaber als auch die Ethnie der Inka selbst. Es muss also immer zwischen den Inka und dem Inka unterschieden werden. Der Inka, dessen Titel offiziell Sapay Inca lautete, besaß einen Rang, der in unseren Breiten einem König gleichzusetzen ist. Er war der unumschränkte Herrscher über das Reich und er wurde als Sohn der Sonne bezeichnet. Die Sonne wiederum wurde im Inkareich als oberste Gottheit verehrt; im Gegensatz dazu beteten die meisten anderen Bevölkerungsgruppen in der Andenregion den Mond als oberste Gottheit an - so lange, bis die Inka ihre Eroberungen ausdehnten und in den unterworfenen Gebieten den Sonnenkult einführten.

Das Imperium der Inka erreichte seine größte territoriale Ausdehnung unter dem Inka Huayna Capac, der etwa von 1493 bis 1524 oder 1527 regierte und die Grenzen des Reiches vor allem nach Norden ausdehnte. Damit betrug die Nord-Süd-Ausdehnung des Reiches mehr als 3.000 Kilometer; es erstreckte sich von Nordchile bis in das heutige Ekuador. Aber dieses riesige Reich, ein Konglomerat aus vielen verschiedenen Ethnien, bestand zu diesem Zeitpunkt und in dieser Ausdehnung gerade einmal einhundert Jahre. In diesem historisch kurzen Zeitraum war das überwiegend aus militärischen Eroberungen hervorgegangene Reich innenpolitisch noch längst nicht gefestigt. Es gab ständig religiöse und politische Konflikte zwischen den eroberten Ethnien und den herrschenden Inka. In den von den Inka eroberten Gebieten blieben die alten Verwaltungsstrukturen weitestgehend erhalten. Die Curaca, die Oberhäupter der eroberten ethnischen Gruppen, behielten zum großen Teil sogar ihre Herrschaft bei, wurden jedoch in die aufgezwungene Zentralverwaltung derart integriert, dass sie als Stütze der Inka-Macht dienen konnten.

Zur Konsolidierung ihrer Herrschaft wandten die Inka ein System an, das seit altersher im Andenraum praktiziert wurde: die »Reciprocidad«. Dieses System beruhte auf Leistung und Gegenleistung und wurde zwischen dem Inka und den Curaca der eroberten Gebiete praktiziert. Dabei hatten die Curaca die Aufgabe, mit festgelegten Abgaben für den Inka und seinen Hofstaat zu sorgen. Im Gegenzug verpflichtete sich der Inka zur Waffenhilfe, sorgte für Kleidung und Schmuck der Curaca. Durch dieses System war jedoch die politische und wirtschaftliche Selbständigkeit der einzelnen Curaca nur bedingt eingeschränkt. In ihrem Herrschaftsgebiet verfügten sie über ein großes Maß an Selbständigkeit, die sich später als großer Nachteil für den Inka in seinem Kampf gegen die Spanier erweisen sollte.

Die Inka unternahmen den Versuch, die bisherigen Oberhäupter der unterworfenen Ethnien in ihr Herrschaftssystem zu integrieren. So brachte man die Kinder der entthronten Herrscher in die Inka-Hauptstadt Cuzco und verheiratete sie dort zum Teil mit Angehörigen aus dem Inka-Adel. Mit dieser Maßnahme wurde eine langsame Integration der eroberten Gebiete angestrebt. Zusätzlich stellten die Inka auch die Abbildungen der lokalen Gottheiten der eroberten Ethnien im Haupttempel von Cuzco auf. Damit wurden gleich zwei Dinge deutlich gemacht: die Sonne war die oberste Gottheit, akzeptierte aber die anderen Götter - unter sich! Und die Religion der Besiegten wurde nicht grundsätzlich ausgerottet, sondern nur als untergeordnete Religion in das bestehende religiöse Weltbild der Inka eingebaut. Trotzdem waren es gerade die Priester dieser lokalen Kulte, die gegen die Vorherrschaft der Inka aufbegehrten, denn die einzelnen Provinzheiligtümer wurden durch die Integrationsmaßnahmen jeglicher Bedeutung beraubt. Erst unter dem Inka Huayna Capac erlangten sie ihre Geltung wenigstens teilweise wieder zurück. Allerdings muss dazu angemerkt werden, dass die Bevölkerung ihre Götter weiterhin verehrte, es war ihr jedoch verboten, offizielle religiöse Zeremonien an den bisherigen Kultstätten zu zelebrieren. Erst Huayna Capac lockerte dieses Verbot.

Aber gerade dieser Inka, der nach Jahrzehnten des Krieges begonnen hatte, sich um die Verwaltung des Riesenreiches zu kümmern, fiel einer heimtückischen Krankheit zum Opfer, die es bis dahin nicht in der Welt der Andenvölker gegeben hatte; es handelte sich aller Wahrscheinlichkeit nach um die Pocken. Diese Krankheit war von den Spaniern eingeschleppt worden, als sie im Verlaufe ihrer zweiten Erkundungsfahrt nach Peru (1526/27) von Panama aus bis an die nördliche Grenze des Inkareiches stießen. Dort hatten sie ersten Kontakt mit den Einwohnern dieses Reiches. Und als sich die Spanier auf die Rückreise begaben, um für ihre endgültige Expedition eine kampfstarke Truppe auszurüsten, kam es ohne ihr direktes Zutun zu einer Katastrophe im Inkareich, die auf die nachfolgende Entwicklung keinen unerheblichen Einfluss haben sollte. Die von den Spaniern eingeschleppten Pocken richteten unter den Indianern des Andengebietes ein wahres Massaker an. Die amerikanischen Ureinwohner hatten praktisch keine Möglichkeit, sich vor dieser vollkommen unbekannten Krankheit zu schützen. Es gab keine Gegenmittel und bis das körpereigene Immunsystem gegen diese Virenepidemie Abwehrstoffe entwickelt hatte, ging viel Zeit ins Land. Viele Menschen, vor allem im Norden des Landes, starben an den Folgen der Pocken. Unter den Opfern war nicht nur der Sapay Inca, sondern auch dessen Sohn Ninan Cuyuchi. Der Tod dieser beiden Männer bewirkte im Reich Unruhen, die sich bis zum bewaffneten Kampf ausweiteten. Das Problem lag in der Tatsache begründet, dass die Thronfolge im Inkareich nicht einheitlich geregelt war. Der Inka hatte stets viele Frauen und von diesen Frauen nicht wenige Kinder. Aber es gab keine einheitlich geregelte Reihenfolge der Thronerben für den Fall, dass der Inka sterben sollte. Die bisher bekannten Informationen lassen darauf schließen, dass nicht der älteste Sohn automatisch zum neuen Inka wurde, sondern der Inka wählte noch zu Lebzeiten unter seinen Söhnen den fähigsten aus. Bei dieser Auswahl spielten auch die Adelsgeschlechter eine große Rolle, denn sie mussten den Inka anerkennen. Deshalb war es im Inkareich in der Vergangenheit bereits häufiger zu Kämpfen um den Thron gekommen. Beispielsweise hatte noch der gerade verstorbene Sapay Inka Huayna Capac mit seinem Bruder Capac Huari um die Thronfolge gekämpft.

Nach dem Tod des Huayna Capac sahen nun die verschiedenen Adelsgeschlechter die Möglichkeit gekommen, ihrem Favoriten die Borla, die

Insignie des regierenden Sapay Inca, anzulegen. Anscheinend standen sich nur zwei große Gruppierungen gegenüber: der in der alten Hauptstadt Cuzco verbliebene Teil des Adels auf der einen Seite und der Adel, der mit dem Inka Huayna Capac die letzten zehn Jahre im Norden des Reiches verbracht hatte, auf der Gegenseite. Da sich Huayna Capac mit seinen Vertrauten jahrelang in den neu eroberten Gebieten im Norden aufgehalten und somit praktisch den Regierungssitz von Cuzco nach Tomebamba verlegt hatte, brach er mit den bisherigen Traditionen. Er machte sich dadurch den Teil des Adels zum Feind, der in Cuzco verblieben war und miterleben musste, wie die Bedeutung der Hauptstadt immer mehr zurückging. Durch die etwa zehnjährige Abwesenheit des Inka aus Cuzco wurden dort die traditionellen religiösen Feste ohne ihn gefeiert oder aber von Cuzco nach Tomebamba verlegt. Weil Huayna Capac außerdem noch das Amt des Oberpriesters der Sonne für sich beanspruchte, waren viele Adelsgeschlechter, die ihren Einfluß zunehmend schwinden sahen, gegen den Inka. Im Zuge der Veränderungen in den letzten Regierungsjahren Huayna Capacs hatte es innerhalb der Adelsgruppierungen Kämpfe um den Erhalt ihrer alten oder um den Erwerb neuer Privilegien gegeben. Diese Entwicklung führte nach dem Tod des Inka zwangsläufig zu einer Krise, deren Höhepunkt der bewaffnete Kampf zwischen den beiden Brüdern Atahuallpa und Huascar war.

Im Mai 1532 trug Atahuallpa den endgültigen Sieg über seinen Bruder davon. Bis zu diesem Zeitpunkt hatte es noch keine direkte Konfrontation mit den Truppen Franzisco Pizarros gegeben, obwohl diese bereits im Dezember des Vorjahres an den Grenzen des Reiches aufgetaucht waren. Aber erst im April 1532 besetzten sie die Stadt Tumbes und holten dort ausführliche Erkundigungen über ihr Ziel ein. Im Mai gründete Pizarro im Tangarara-Tal die spanische Siedlung San Miguel de Piura. Erst am 24. September brachen die Spanier ins Landesinnere auf, um Atahuallpa aufzusuchen. Zu diesem Zeitpunkt hatte dieser also schon seine Position im Inkareich eindeutig gefestigt, sein Sieg über Huascar lag vier Monate zurück und er hatte begonnen, seine Macht zu konsolidieren.

Es gibt viele Vermutungen, warum Atahuallpa nichts gegen die fremden Eindringlinge unternahm. Spätestens auf ihrem Marsch ins Landesinnere hätte es ihm eigentlich möglich sein müssen, sie anzugreifen. Aber der Inka unternahm nichts dergleichen. Nach der spanischen Eroberung führten die königlichen Beamten Befragungen unter den Indianern durch; dabei wurde auch protokolliert, dass man im Umfeld Atahuallpas der

Meinung war, dieser würde die Eindringlinge allein wegen ihrer geringen Mannschaftsstärke nicht als Gefahr einschätzen und hätte sich für überlegen gehalten. Zwar ist diese Variante bei einem gerade siegreichen Heerführer nicht von der Hand zu weisen, aber inwieweit die befragten Zeugen als sichere Quelle gelten können, ist fragwürdig.

Pizarro verfügte auf seinem Marsch bereits über die Unterstützung von indianischen Hilfstruppen, die ihm viele logistische Probleme wie die Suche nach dem richtigen Weg, den Transport von Ausrüstung und Verpflegung und auch die ständige Versorgung mit Nahrungsmitteln abnahmen. So traf er mit seiner kleinen Streitmacht am 15. November in Cajamarca ein. Dort hatte Atahuallpa sein Quartier aufgeschlagen; aber während der Inka mit seiner Armee vor den Toren der Stadt lagerte, nahm Pizarro in der Stadt selbst Quartier. Am folgenden Tag suchte der Inka Pizarro in der Stadt auf, er kam mit einem großen Gefolge, aber unbewaffnet. Pizarro konnte sich in einem Handstreich der Person des Inka bemächtigen. Mit der Gefangennahme des Herrschers besaßen die Spanier ein unschätzbares Pfand, denn so lange sich der Inka in der Gewalt der Fremden befand, wurden sie nicht angegriffen.

Innerhalb weniger Augenblicke hatte sich für die weitere Entwicklung im Inkareich eine völlig neue Perspektive aufgetan. Die beiden bisherigen Rivalen um die Macht befanden sich in Gefangenschaft: Huascar in den Händen von Atahuallpas Heerführern und Atahuallpa selbst war Gefangener der Spanier. Dadurch kam es zu einer Situation, die für die Spanier viele Vorteile brachte – sie hatten den eigentlichen Herrscher des Landes in ihrer Gewalt und konnten über ihn den Einwohnern ihre Wünsche diktieren. So trugen die inkaischen Untertanen auf Befehl des Inka im ganzen Land Gold und Silber zusammen, um den Kerker ihres Gebieters damit zu füllen. Diese Bedingung hatte Pizarro dem Inka gestellt, wenn dieser seine Freiheit erlangen wollte. Aber Atahuallpa, der regelmäßig Besuch von seinen Beratern erhalten konnte, griff auch aktiv in das Geschehen ein. Als er befürchtete, dass die Spanier mit dem gefangenen Huascar zusammenarbeiten könnten, ließ er diesen umbringen. Diese Maßnahme gab ihm jedoch nur einen kurzen Aufschub. Auf Beschluss eines von Pizarro inszenierten Schauprozesses wurde er im Juni oder Juli 1533 hingerichtet. Unter anderem warf man ihm die Ermordung seines Bruders Huascar vor. Die Spanier waren also durch ihre Verbündeten sehr gut über alle Vorgänge im Reich unterrichtet.

Nach der Erdrosselung Atahuallpas wurde Tupa Huallpa von Pizarro zum neuen Sapay Inka ernannt. Vorgeschlagen hatten die Ernennung die Parteigänger des ermordeten Inka. Allerdings vertraten sie nicht die Mehrheit des inkaischen Adels. Es zeigte sich, dass sich der inkaische Adel in verschiedene Interessengruppen aufspaltete, die sich auch untereinander bekämpften, anstatt gemeinsam gegen die spanischen Eroberer vorzugehen. Während Pizarro mit seiner Streitmacht und dem von ihm ernannten Inka im Gefolge auf die Hauptstadt Cuzco marschierte, wurde er ständig von Quizquiz, einem der Heerführer Atahuallpas, angegriffen. Dagegen ging Rumiñahui, ein weiterer der Heerführer Atahuallpas, nach Quito, im Norden des Reiches, um dort eine von Cuzco unabhängige Herrschaft zu errichten.

In Cuzco selbst einigten sich die dortigen Adelsgruppierungen unter Führung des Oberpriesters der Sonne, der in der Quechua-Sprache Huillauma genannt wird, auf Paullu Inca, einen weiteren Sohn des Huayna Capac, als neuen Inka. Dieser Vorschlag wurde auch an Quizquiz herangetragen, der sich jedoch weigerte, Paullu anzuerkennen.

Mitte Oktober erreichten die Spanier auf ihrem Marsch nach Cuzco das Tal von Jauja. Dort starb überraschend der Inka Tupa Huallpa. Pizarro verdächtigte Challcochima, einen der Heerführer Atahuallpas, den Inka vergiftet zu haben. Er begründete seinen Verdacht damit, dass Challcochima in Cajamarca gegen Tupa Huallpa gestimmt hatte und für Titu Atauchi, den ältesten Sohn Atahuallpas, eingetreten war. Deshalb wurde er zum Tod durch Verbrennen verurteilt. Und bereits einen Tag später traf Pizarro, jetzt nur noch 25 Kilometer von Cuzco entfernt, im Tal von Jaquijaguana, auf Manco Inca Yupanqui. Dieser war ebenso wie Paullu ein Sohn des Huayna Capac. Durch dieses von Manco arrangierte Zusammentreffen kam er dem Huillauma und seinen Anhängern zuvor, die Pizarro in Cuzco erwarteten. Manco bot Pizarro ein Bündnis an: er forderte Unterstützung bei seiner Einsetzung zum Sapay Inka und stellte im Gegenzug seine militärische Hilfe im Kampf gegen Quizquiz in Aussicht. Beide konnten sich sehr schnell einigen, so dass noch am selben Tag die sogenannte Allianz von Jaquijaguana zustande kam.

Manco, der eigentlich im Rennen um die Borla, das Abzeichen des Sapay Inka, schon geschlagen war, verbündete sich mit der derzeit stärksten Macht im Reich und schaltete so alle Widersacher aus. Er verbündete sich mit seinem eigentlich gefährlichsten Gegner, um zunächst einmal innerhalb des Adels seine Position zu festigen. Einer seiner stärksten Gegner war dabei vor allem Quizquiz, der immerhin eine kampferprobte und zuletzt siegreiche Armee befehligte.

So kam es, dass Pizarro am 15. November 1533 mit seinem neuen Verbündeten Manco Inca Yupanqui in der alten Inka-Hauptstadt Cuzco einzog. Dort wurde Manco nach dem traditionellen Zeremoniell zum Sapay Inka gekrönt. Mit der dabei praktizierten Achtung der alten Riten erreichte Pizarro, dass Manco allgemein als Inka anerkannt wurde. Unter der Bevölkerung des Reiches verbreitete sich die Hoffnung, dass nach den Jahren der Unruhe ein starker Inka, noch dazu mit so mächtiger Unterstützung, wieder ein friedliches Leben garantieren würde. Aber erst einmal musste Manco seinen Verpflichtungen nachkommen, die sich aus seinem Bündnis mit den Spaniern ergaben. Er stellte eine Armee auf und zog im Dezember mit der Unterstützung von fünfzig spanischen Reitern, die unter dem Kommando Diego de Almagros standen, gegen Quizquiz. Fünf Monate später kam es bei Maraycalla zur entscheidenden Schlacht, in der die Truppen des Quizquiz vernichtend geschlagen wurden.

In der Zwischenzeit unternahm Pizarro viele Anstrengungen, um seine Position im Inkareich zu festigen. Am 18. Januar 1535 gründeten die Spanier die Stadt Ciudad de los Reyes, das heutige Lima. Damit schuf sich Pizarro eine Basis an der Küste und über den Hafen Ciudad de los Reyes wurde in der Folgezeit die lebenswichtige Verbindung zu den spanischen Kolonien in Mittelamerika aufrechterhalten. Von dort erhielten die Eroberer des Inkareiches wichtige Versorgungsgüter wie Waffen, Pferde, Munition; aber auch Verpflegung, Nachschub an neuen Eroberern und indianischen Sklaven. Im Juli des selben Jahres zogen verschiedene Abteilungen aus, um weitere Gebiete im Norden des Reiches zu erobern und unter die Herrschaft der spanischen Krone zu bringen. Der Hauptmann Alonso de Alvarado zog mit 300 Spaniern in das Gebiet der Chachapoya in Nordperu. Hauptmann Garcilaso de la Vega unternahm mit 250 Mann einen Vorstoß in das Gebiet des heutigen Ekuador. Juan Poncel zog mit 250 Bewaffneten ebenfalls nach Nordperu und Benalcázar wurde von Pizarro mit 150 Spaniern nach Quito geschickt. Möglich wurden diese Expeditionen durch den ständigen Zustrom neuer Konquistadoren, die durch die Berichte über die riesigen Mengen an Gold und Silber aus dem Lösegeld Atahuallpas in Scharen angelockt wurden. Der Zustrom nach Peru war so groß, dass in anderen Regionen Spanisch-Amerikas die spanische Macht teilweise bedenklich in Frage gestellt wurde, weil die Spanier viele Gebiete, in denen sie nicht den erhofften Reichtum fanden, verließen, ohne dass dort neue Eroberer nachrückten. Jeder, der die Möglichkeit hatte, zog nach Peru, um von den dortigen Reichtümern seinen Anteil zu erlangen.

Im Gegensatz zu allen anderen Expeditionen, die nach Norden führten, zog Almagro, der seinen eigenen Einflussbereich suchte, am 3. Juli 1535 nach Süden. In seiner Begleitung befanden sich auch der Oberpriester der Sonne, der Huillauma und Paullu Inca, der eigentlich von den Vornehmen in Cuzco zum Inka erwählt, aber von Manco ausgebootet worden war. Möglicherweise drängte Manco selbst darauf, dass die beiden, die ja gegen seine Wahl als Inka gewesen waren, der Hauptstadt den Rücken kehren mussten. Almagro zog mit 180 Spaniern und 1000 Mann indianischer Hilfstruppen aus. Sein Unternehmen war jedoch nicht so erfolgreich, wie er es sich vorgestellt hatte. Nicht nur, dass er nicht die erhofften Reichtümer fand und bald enttäuscht zurückkehrte; der Oberpriester floh aus seiner Begleitung und stellte sich an die Spitze einer bereits aktiven Bewegung der Indianer gegen die spanischen Eindringlinge. Interessant dabei ist, dass Paullu Inca bei Almagro blieb und sich nicht mit dem Oberpriester der Sonne zusammenschloss.

Der Huillauma bereitete einen Aufstand gegen die Spanier vor, der bald das ganze Land erfassen sollte. Die Erhebung war aber nicht seine alleinige Initiative, denn bereits vor seiner Flucht gab es einige kleinere, jedoch voneinander unabhängige Erhebungen gegen die Spanier. Anscheinend bemühte sich der Huillauma aber, alle Widerstandszentren zusammenzuführen. Erst danach nahm er Kontakt mit Manco auf, um diesen für eine Teilnahme am Aufstand zu gewinnen. Dabei kamen ihm auch die Ereignisse in Cuzco entgegen. Denn Manco war Ende Juli 1535 von Gonzalo Pizarro gefangengesetzt worden. Gonzalo verwaltete die alte Inkahauptstadt, während Franzisco Pizarro selbst in Ciudad de los Reyes weilte. Gonzalo Pizarro hatte Manco unter dem Vorwand verhaften lassen, dass er von der Flucht des Huillauma gewusst hätte. In der Gefangenschaft wurde Manco geschlagen und misshandelt. Gonzalo zwang ihn, Lösegeld zu zahlen. Diese Missachtung der Würde des Inka schuf eine tiefe Kluft zwischen Manco und seinen bisherigen Verbündeten. Als Hernando Pizarro, der solange abwesend gewesen war, weil er für seinen Bruder Franzisco nach Spanien an den königlichen Hof gereist war, wieder nach Cuzco zurückkehrte, verbesserten sich die Haftbedingungen für Manco. Ihm wurde sogar gestattet, sich mit dem Huillauma zu treffen. Dabei warb dieser um eine Beteiligung Mancos am Aufstand.

Zu diesem Zeitpunkt, im Jahre 1536, setzt auch die vorliegende Chronik »Relación del sitio del Cuzco y principio de las guerras civiles del Perú« (Beschreibung der Stadt Cuzco und Beginn der peruanischen Bürgerkriege) ein. Der Verfasser dieser Chronik ist bis heute unbekannt. Es war aber ein Spanier, der sich zum Zeitpunkt der beschriebenen Ereignisse in Cuzco aufhielt. Veröffentlicht wurde die Schrift anhand der im Archivo General de las Indias in Sevilla gefundenen Dokumente in der im vorigen Jahrhundert herausgegebenen Dokumentensammlung »Colección de libros españoles raros y curiosos«. Dieses Dokument ist ein wichtiges Zeitzeugnis, das von einem Teilnehmer an den Kämpfen um die Inka-Hauptstadt Cuzco verfasst worden ist. Leider gibt es keine deutlichen Aussagen im Text, die auf dessen Urheber schließen lassen. Trotzdem kann der Bericht als sehr authentisch angesehen werden, auch wenn es hier und da einige Ungereimtheiten gibt, die aber vor allem auch darauf zurückzuführen sind, dass dem Verfasser, genau wie allen Beteiligten, nicht sämtliche Informationen zur Verfügung gestanden haben und er auch eine sehr parteiliche Haltung einnimmt. Beispielsweise wird bei dem Bericht über die Flucht des Oberpriesters der Sonne angedeutet, dass sich auch Paullu Inca von Almagros Zug entfernte. Allerdings kehrt er dann mit diesem zusammen im Jahr 1537 nach Cuzco zurück, so dass an diesem Punkt schon deutlich wird, dass auch dieser Augenzeugenbericht nicht die ganze Wahrheit beinhaltet. Immerhin muss berücksichtigt werden, dass die uns vorliegende Schrift von einem Teilnehmer der Ereignisse geschrieben worden ist. Dieser hatte im Trubel der Ereignisse keine Möglichkeit, alle Ereignisse, Gespräche, Verhandlungen, Kämpfe oder Intrigen objektiv wahrzunehmen und gar unparteiisch zu bewerten. Er konnte nur alle Geschehnisse in seinem unmittelbaren Umfeld selbst bewerten und musste sich bei den Vorgängen, die er nicht selbst als Augenzeuge erlebte, auf die Berichte seiner Zuträger verlassen. Und das immerhin in einer Zeit, in der es keine aktuelle Nachrichtenübermittlung via Zeitung oder Radio gab. So konnte es durchaus passieren, dass Zeugen, die Wochen oder Monate später zu einem Ereignis befragt wurden, dessen genauen Ablauf gar nicht mehr kannten, weil sie im Moment dieses Ereignisses dieses gar nicht für so wichtig erachtet hatten und sich später an Einzelheiten nicht mehr erinnern konnten. Insofern ist auch ein Augenzeugenbericht wie die uns vorliegende »Relación del sitio del Cuzco...« nicht als die absolute Wahrheit zu betrachten, sondern muss sehr kritisch gelesen werden.

Der Bericht ist nicht verfasst worden, um die Rolle des Inka zu erklären oder um die Leistungen der Indianer zu würdigen, sondern es geht um eine Rechtfertigung der Rolle der Pizarro-Brüder, vor allem Hernando Pizarros, bei der Eroberung Perus. Parallel zum Aufstand des Inka kam es zu den ersten Machtkämpfen der Konquistadoren untereinander, die in der Ermordung des höchsten Vertreters der spanischen Krone, Franzisco Pizarros, gipfelten. Die Machtkämpfe der spanischen Eroberer untereinander führten dazu, dass die spanische Herrschaft in Peru in starke Bedrängnis geriet, weil gleichzeitig Manco einen großangelegten Aufstand gegen die Spanier anführte. Um seine Verurteilung durch die spanische Krone zu verhindern, brachte Hernando Pizarro diesen Bericht 1539 selbst nach Spanien. Er unternahm diese Reise, um vor dem königlichen Hof die Hinrichtung des Adelantado Diego de Almagro zu verteidigen. Der Bericht half ihm jedoch nicht, denn von 1540 bis 1561 wurde er gefangen gehalten. Für die heutige Zeit ist diese Chronik jedoch eine wichtige Quelle für die Ereignisse, die mit dem Aufstand des Manco Inca eng verknüpft waren.

Es gibt nur wenige zeitgenössische Berichte, die diese Zeit beschreiben. Neben einigen Briefen der Konquistadoren sind es vor allem die Chronik des Franzisco Jerez, der als Sekretär Pizarros die Eroberung miterlebte, sowie die Chronik des Pedro Sancho, der die Arbeit von Jerez fortsetzte. Nach dem Fall des Inkareiches entstanden noch einige weitere Berichte von Zeitzeugen, einer davon ist die hier vorliegende »Relación del sitio del Cuzco...«. Zeitweise wurde sie dem Pater Vicente de Valverde, dem Kaplan der spanischen Eroberungsexpedition zugeschrieben. Es ist bekannt, dass dieser einen Bericht über seine Erlebnisse schrieb, der jedoch verloren gegangen ist. Bisher ließ sich jedoch nicht nachweisen, dass Valverde wirklich der Verfasser der »Relación del sitio del Cuzco...« war.

Es gibt, gewissermaßen als Ergänzung zu der vorliegenden Chronik, noch einen von indianischer Seite verfassten Bericht, der vom Aufstand des Inka Manco handelt. Er wurde von Mancos Sohn Titu Kusi Yupanqui diktiert und existiert bereits in einer deutschen Übersetzung. Beim Vergleich der beiden Texte wird sehr schnell deutlich, dass es zu einigen Ereignissen unterschiedliche Darstellungen gibt. Das zeigt, dass auch der hier vorliegende Bericht nicht geschrieben wurde, um die Nachwelt mit der Kultur und Geschichte der Inka bekannt zu machen. Ziel der »Relación del sitio del Cuzco...« war eine Darstellung der politischen und militärischen Ereignisse zur Zeit des Inka-Aufstandes, um die Rolle Hernando Pizarros zu bewerten. Dabei muss der heutige Leser berücksichtigen, dass vielfach Hernandos Rolle überbewertet oder idealisiert dargestellt wird. Schließlich kam es darauf an, der spanischen Krone die Verdienste eines Mannes bekannt zu machen, der aufgrund der politischen Entwicklung im Vizekönigreich Peru vor einer Verurteilung stand.

In Peru war es nämlich zu einer Erhebung der Konquistadoren gegen die spanische Krone gekommen. Ausgelöst wurde diese durch die Verkündung der »Leyes Nuevas«, der Neuen Gesetze der spanischen Krone aus dem Jahre 1542, die unter anderem Gebote zur Behandlung der indianischen Ureinwohner enthielten. Die Versklavung von Indianern wurde verboten, der Besitz von Encomiendas, Landgütern mit indianischen Leibeigenen, wurde für Beamte und Geistliche verboten. Damit beschnitt die Krone die selbst geschaffenen Privilegien der Konquistadoren erheblich. In allen spanischen Kolonien Amerikas lehnten sich die spanischen Bürger gegen diese neuen Gesetze auf. Den stärksten Widerstand gab es dabei in Peru, wo der jüngste der Pizarro-Brüder, Gonzalo, zum Anführer des Aufstandes avancierte. Der Widerstand gegen die von der Krone neu eingesetzten Beamten nahm die Formen eines regelrechten Bürgerkriegs an.

Parallel dazu mussten sich die spanischen Kolonisten mit den aufständischen Indianern auseinandersetzen. Der Inka Manco befehligte eine große Streitmacht, die für die spanische Kolonisierung Perus eine permanente Gefahr darstellte. Zeitweise verbündete er sich auch mit einer der rivalisierenden Parteien, letztendlich gelang es ihm aber nicht, entscheidende Erfolge zu erzielen. Der Aufstand des Manco Inca gefährdete zwar über Jahre die Errichtung der spanischen Kolonialherrschaft, konnte aber den Untergang der Inka-Dynastie nicht aufhalten. Erst der große Aufstand unter Tupac Amaru II. sollte 1780/81 wieder die spanische Herrschaft in Peru in Gefahr bringen. Dabei berief sich Tupac Amaru II. auf den letzten Inka Tupac Amaru, einen Enkel Mancos, der 1572 von den Spaniern hingerichtet wurde und mit dem die Herrschaft der Inka ihr Ende gefunden hatte.

Die im folgenden vorgestellte »Relación del sitio del Cuzco...« ist ein hervorragendes Zeitzeugnis, das der Nachwelt den Verlauf der militärischen Auseinandersetzungen zwischen Indianern und Spaniern vorstellt. Dabei erfährt der Leser Einzelheiten, die er in keiner anderen Publikation finden kann. Trotz der Konzentration auf die Darstellung der Leistungen der spanischen Konquistadoren ist der Text ein Beweis für den heroischen Freiheitskampf eines unterdrückten Volkes, der uns auch heute noch Anerkennung abverlangt. Im Text gibt es eine Menge Hinweise auf die direkten Kontakte zweier Kulturen - der europäischen und der indianischen. Wenn sich dieser Kontakt vor allem im militärischen Bereich abzuspielen scheint, so gibt es doch genügend Hinweise auf religiöse oder soziale Aspekte der indianischen Kultur. Und der Text beschreibt ausführlich den Weg des Inka vom Verbündeten der spanischen Eroberer zum mächtigen Gegner, der den

Erfolg in der offenen Feldschlacht sucht und anschließend gezwungen ist, eine Taktik des Guerillakrieges anzuwenden. Die »Relación del sitio del Cuzco...« ist die umfangreichste bekannte Darstellung des Manco Inca-Aufstandes und liegt nunmehr erstmals in deutscher Übersetzung vor.

Bei der Bewertung des Inhaltes sollte man sich immer wieder den Zweck der Niederschrift ins Gedächtnis rufen. Die Rolle Hernando Pizarros, der in diesen Aufzeichnungen als ein moderater, militärisch erfolgreicher Anführer dargestellt wird, ist hier deutlich überbewertet worden. Auch sämtliche Zahlenangaben sind kritisch zu bewerten. Generell neigen die spanischen Chronisten bei der Angabe ihrer Feinde zu Übertreibungen. Das geschah zum einen, um sich selbst in ein besseres Licht zu stellen (ein Sieg über zehntausend Feinde war eindrucksvoller als ein Sieg über einhundert Gegner), andererseits sollte man auch bedenken, dass man in einem unübersichtlichen Gelände, in dem man vielen feindlichen Kriegern gegenübersteht, vor Angst viel höhere Zahlen schätzt.

Bei der Übersetzung ist auf eine wortgetreue Übertragung bewusst verzichtet worden. Beim Original, verfasst in einem altertümlichen Spanisch, handelt es sich um einen offiziellen Bericht an die Krone. Dementsprechend ist der Stil des Schreibers. Aus diesem Grund sind bei der Übertragung ins Deutsche einige leichte Änderungen vorgenommen worden, vor allem den Satzbau betreffend, da sich im Original viele Sätze über mehr als eine Seite erstrecken. Um die Lesbarkeit des Textes zu vereinfachen, bildete ich kürzere Sätze. Beim Lesen sollte aber immer beachtet werden, dass es sich im Original um den Bericht eines Spaniers handelt, der die meisten der geschilderten Ereignisse miterlebt hat und seine Erinnerungen später in Cuzco niedergeschrieben hat. Der Charakter des Originals, ein Bericht eines spanischen Bürgers an seinen König, wird in der Übertragung weitgehend beibehalten. So gibt es im deutschen Text immer noch Formulierungen, die stilistisch nicht immer nach dem Geschmack heutiger Leser sind. Diese editorische Variante ist gewählt worden, um den Charakter des Originaltextes zu wahren. Immerhin handelt es sich um eine Übertragung ins Deutsche und nicht um eine überarbeitete Nacherzählung.

Die Orthographie der indianischen Namen erfolgt nach der im heutigen Quechua üblichen Schreibweise. Ortsnamen werden in der heute gebräuchlichen Schreibweise verwendet. Bei der Übersetzung wurde der Begriff »Indio« als Bezeichnung des Autoren für die einheimische indianische Bevölkerung beibehalten, um, wie bereits oben angedeutet, den Charakter des Textes zu wahren. Für die Bezeichnung der indianischen

Frauen wird zugleich auch der Begriff »India« genutzt, da sich im Spanischen anhand der Endung der Genus unterscheiden lässt. Der Terminus Huillauma wird im Text oft als Name verwendet. Gemeint ist damit der inkaische Oberpriester der Sonne, der Name Huillauma ist dabei nur die Bezeichnung für den Würdenträger selbst. Der eigentliche Name dieses Priesters ist leider nicht überliefert.

Bei der endgültigen Fertigstellung des Textes habe ich viel Unterstützung erhalten. Ganz besonders möchte ich mich bei meiner Frau Antje bedanken, die mir nicht nur bei der Bewältigung der neuen deutschen Rechtschreibung Unterstützung geleistet hat. Ein ganz spezielles Dankeschön gilt Kathrin Schumann aus Berlin, die mir bei der Übersetzung des Originaltextes eine große Hilfe war, sie hat die erste Hälfte des Originals übersetzt. Die Fotos wurden mir freundlicherweise von Bernhard Zehr aus Oststeinbeck und Peter Jöchel aus Wittstock zur Verfügung gestellt. Ulrich van der Heyden danke ich für die Ermutigungen, dieses Projekt in Angriff zu nehmen. Und nicht zuletzt danke ich Wolfgang Weist (trafo verlag) für die Fertigstellung des Manuskriptes und die Möglichkeit der Veröffentlichung.

Mario Koch

Kampf um die Inkastadt Cuzco.
(Aufzeichnungen eines anonymen Zeitzeugen 1535–1539)

Es geschah zu der Zeit, als Hernando Pizarro in diese Stadt Cuzco kam, um deren Bürger als Untertanen Ihrer Majestät zu vereidigen, so, wie es schon in der Stadt Los Reyes geschehen war.

Man schrieb an den Gouverneur, dass der Inka, der oberste Herr unter den Eingeborenen, überraschend festgenommen worden war. Er stand unter dem Verdacht, sich gegen den Gouverneur erheben zu wollen. Nun sollte dieser entscheiden, was mit dem Inka geschehen würde. Der Gouverneur antwortete, dass Hernando Pizarro, der mit großen Vollmachten ausgestattet war, bereits auf dem Wege sei und nach seiner Ankunft tun würde, was Seiner Majestät am besten zu Diensten stehen würde.

Nachdem Hernando Pizarro hier in Cuzco ankam, musste er feststellen, dass sich Juan Pizarro und Gonzalo Pizarro nicht in der Stadt aufhielten, da sie im Begriff waren, einige Kaziken zu bestrafen, die sich erhoben und einen Spanier getötet hatten. So setzte Hernando Pizarro den Inka frei und legte ihm sehr ans Herz, Eurer Majestät zu dienen. Denn eine der wichtigsten Anweisungen, die Ihre Majestät für diese Reise befohlen hatte, war die gute Behandlung des Inka, die durch seinen königlichen Namen begünstigt wurde. Dadurch zeigte sich der Inka so geschmeichelt und zufrieden, dass man ihn keines niederträchtigen Vorhabens oder Bestrebens mehr verdächtigte.

Nachdem Juan Pizarro und Gonzalo Pizarro zurückgekommen waren, sprach Hernando Pizarro im Stadtrat. Er war der Überzeugung, die Bürger würden Ihrer Majestät einen Dienst tun. Denn während sie von diesem Land so viel Nutzen hatten, war das königliche Finanzwesen durch die türkischen und französischen Kriege völlig verausgabt. Darüber wurden die Bürger jedoch sehr wütend und sie entgegneten ihm, diesen Dienst hätte er selbst und von sich aus befohlen, um ihnen Schlechtes zu tun. Das war auch der Grund, weshalb Hernando Pizarro bei einigen sehr unbeliebt wurde, wie Ihre Majestät später erfuhr.

Einige Tage später, als Hernando Pizarro sich in der Gießerei umsah, kam erneut die Nachricht, dass die Region Collao sich erhoben und die Indios einige Spanier in den Minen getötet hatten. Und der Huillauma, ein sehr bedeutender Indio, dem sie die gleiche Verehrung entgegenbringen wie wir dem Papst, hätte sich von der Expedition des Adelantado Don Diego de Almagro, mit dem er unterwegs gewesen war, abgewendet und wäre Anführer der Aufständischen geworden. Hernando Pizarro befragte den Inka, ob er davon wüsste. Der Inka sprach, dass es die Wahrheit sei, dass Collao sich erhoben hätte, und dass er selbst losziehen wolle, um die Aufständischen niederzuwerfen. Aber er stellte die Bedingung, dass nur Hernando Pizarro selbst und kein anderer Hauptmann mit ihm käme. Und er sagte, dass sich der Huillauma gewiss von dem Aufstand abkehren würde, weil er nicht auf Seiten der Aufständischen wäre. Er hätte sie auch nicht zum Aufstand bewogen. Zu diesem sei es nur wegen der schlechten Behandlung durch das Gefolge des Adelantado Don Diego de Almagro gekommen. Der Huillauma hätte sich von diesem abgewendet, weil sie ihn selbst schlecht behandelt und in Ketten hatten legen wollen, so wie Paullu, den Bruder des Inka selbst.

Um diese Zeit verbreitete sich unter den Spaniern in der Stadt Cuzco das Gerücht, dass eben dieser Paullu dem Adelantado entflohen war, und dass er hier in Cuzco versteckt sei. Dadurch entstand in der Stadt große Unruhe und man forderte von Hernando Pizarro, den Inka in Gefangenschaft zu setzen, um sicher zu gehen, dass er seinem Bruder kein Versteck bieten könnte. Denn wenn das der Fall sein sollte, so wäre es ein klares Indiz dafür, dass der Inka sich erheben wolle. Der Inka entgegnete darauf, dass er keinen einzigen Grund hätte, Paullu zu verstecken, selbst wenn er gekommen wäre. Und er bot den Spaniern an, nach dem Huillauma zu schikken, um ihn herbeizuholen, damit alle den Verdacht verlören und man seine guten Absichten erkennen könnte. Hernando Pizarro gab ihm Recht, auch er hielt die Verdächtigungen der Spanier für falsch. Außerdem gab er dem Inka Schmuck, den er aus Spanien mitgebracht hatte. Er beschenkte ihn und stellte ihn mit allem zufrieden, was er wollte. Dadurch zeigte sich der Inka so zufrieden, dass man ihn auf keinerlei Art einer schlechten Absicht verdächtigen konnte. Ja, dazu erbat er sich von Hernando Pizarro die Erlaubnis zu gehen, um den Huillauma zu empfangen. Und weil ihm diese Erlaubnis erteilt wurde, ging er mit dem Huillauma in die Häuser der Sonne. Dort ergriff der Huillauma, verärgert über die Spanier, die nach Chile zogen, das Wort und riet dem Inka, sich zu erheben und keinen Spanier am Leben zu lassen. Im Anschluss an diese Unterredung trafen sie sich mit Hernando Pizarro. Im Beisein vieler weiterer indianischer Adliger baten sie ihn um die Erlaubnis, eine Reise in ein Tal, das sie Yucay nennen, zu unternehmen. Sie wollten dort, wie es jedes Jahr Brauch war, die Zeremonien für Huayna Capac, den Vater des Inka, der dort begraben war, feiern.

Mit der entsprechenden Erlaubnis brachen sie am Mittwoch, dem 18. April, auf. Sie nahmen den Huillauma mit sich und ließen einige Adlige, die von den Spaniern für verdächtig gehalten wurden, zurück. Dadurch fiel kaum ein Verdacht auf ihr Vorhaben, von dem noch zu sprechen sein wird.

Zwei Tage, nachdem sie von hier aufgebrochen waren, kam ein Spanier, der damals außerhalb des Ortes lebte, um Hernando Pizarro zu benachrichtigen, dass der Inka den Weg nach Lares ging, welches ein Ort 15 Leguas von der Stadt entfernt war. Dort war sehr unwegsames Gelände, weshalb er fest daran glaubte, der Inka würde sich erheben, obwohl dieser ihm gesagt hatte, dass er nach Gold suchen würde, von dem er wisse, dass es in diesem Landstrich versteckt sei.

Hernando Pizarro, der dem Inka sehr vertraute, schenkte dem Ganzen keinerlei Glauben. Um größeres Vertrauen zu beweisen, ließ er dem Inka durch Einheimische ausrichten, dass er sich so schnell, wie er kann, beeilen möge, nach Cuzco zurückzukehren. Jener aber, dem Befehl nicht folgend, tat etwas, woran zu erinnern sich lohnt. Und zwar befahl er in Anwesenheit vieler Kaziken und bedeutsamer Personen, zwei sehr große goldene Pokale, gefüllt mit einem Getränk aus Mais, das die Einheimischen zu sich nehmen, vor sich hinzustellen, und sagte: »Ich bin entschlossen, keinen Christen auf der ganzen Erde am Leben zu lassen. Deshalb will ich zuerst Cuzco belagern. Wer immer auch von Euch denkt, mir dabei zu dienen, muss sein Leben dafür einsetzen und nur zu dieser Bedingung wird es möglich sein.« Die Hauptleute und die anderen bedeutenden Personen tranken aus den Pokalen, damit sich dieses Vorhaben erfülle, wie Ihre Majestät im Weiteren sehen werden.

Sonnabendnacht vor dem Osterfest wurde Hernando Pizarro davon unterrichtet, dass sich der Inka in sehr schädlicher Absicht erhoben habe. Daraufhin unterrichtete er die spanischen Bürger und mit den klügeren und erfahreneren von ihnen verständigte er sich darüber, was am besten zu tun wäre. Sie beschlossen, mit Fußvolk und Reitern die Stadt zu verlassen, bevor der Inka ihnen gefährlich werden konnte. Am nächsten Tag zog Hernando Pizarro mit großem Gefolge aus und als er in Yucay ankam, erfuhr er, dass man dorthin, wohin der Inka gegangen war, nicht zu Pferde gelangen konnte. Er schickte nach dreißig Fußsoldaten, welche auf ihn treffen sollten. Wegen der schlechten Beschaffenheit des Landes - man befand sich im Gebirge - hätten die Indios sie in die Flucht schlagen können. Deshalb ging Hernando Pizarro mit seinem Gefolge den ganzen Weg zu Fuß. Sie führten die Pferde an den Zügeln, weil man nicht reiten konnte: das brachte die Leute in solche Unordnung, dass man alle Pferde tötete. Man tat das, damit sie den Indios nicht in die Hände fielen.

Weil sie aber den Inka nicht finden konnten, und weil ihm die Gegend zu gefährlich erschien, beschloss Hernando Pizarro, dass es vernünftig wäre, sich zurückzuziehen, was er auch tat. Um den Gouverneur über das Geschehene zu informierten, sandte er ihm durch befreundete Indios Briefe zu.

Gerade zu diesem Zeitpunkt war ein Bürger zu Juan Pizarro, der in der Stadt geblieben war, gekommen. Er bat ihn um die Erlaubnis, in einige seiner Dörfer gehen zu dürfen, denn deren Kaziken hatten sich über Krieger beklagt, die die Dörfer beraubten und zerstörten. Drei Spanier, die dort gewesen waren, wurden durch die Hinterhältigkeit der Indios umgebracht; von den Spaniern, die entkommen konnten, erfuhr man von dem Verrat. Juan Pizarro zog aus, um Hilfe zu bringen und er fand Spuren der Toten in dem unwegsamen Gelände, welches einen zwang, zu Fuß zu gehen. Da ihm die Anzahl seiner Leute zu gering schien und er den Indios nicht noch mehr als Köder dienen wollte, kehrte er um.

Zum selben Zeitpunkt gelangte Gonzalo Pizarro bis zur Provinz Collao, eine Tagesreise von hier, wo er so viele kriegsbereite Indios antraf, dass er nichts unternehmen konnte. Alle drei Brüder kamen zur selben Zeit in die Stadt Cuzco zurück.

Am nächsten Tag erfuhren sie, dass sich in dem Ort Yucay viele Krieger versammelten, und weil sie dachten, auch der Inka wäre dort, sagte Hernando Pizarro zu Juan Pizarro und Gonzalo Pizarro, dass sie sich auf den Weg machen sollten, um ihn zu finden. Damit brachen sie auf. Aber als sie an den Fluss kamen, der in der Mitte des Tales fließt, fanden sie die Brücken zerbrochen und sie hatten keine andere Möglichkeit, als sich mit den Pferden in das Wasser zu stürzen. Während die Indios den Weg verteidigten, versuchten die Spanier, den Fluss zu überqueren, was ihnen sehr gut gelang, denn als sie das Ufer erreicht hatten, töteten sie viele der Indios und schlugen die anderen in die Flucht. Doch noch während das geschah, sahen sie eine gewaltige Anzahl von Indios oberhalb der Stadt, die sich in dem unwegsamen Gelände, so wie es hier überall vorkam, aufgestellt hatten. Hernando Pizarro befahl seiner Truppe, sich in zwei Hälften zu teilen. Die eine, mit einem Hauptmann an der Spitze, sollte die Indios in ihrem Rücken angreifen, die andere Abteilung führte er selbst in Richtung Stadt. Das tat er mit einer solchen Eile und Bestimmtheit, dass die Indios davon so mutlos wurden, dass sie alle flohen. Hernando Pizarro erschien es als das Beste, von Anbeginn ein abschreckendes Beispiel zu statuieren. Er verfolgte die Indios über zwei Leguas weiter, verwundete und tötete sie. Jedoch wurde dabei ein Spanier getötet, der sich von den anderen abgesetzt hatte. Zurück in der Stadt, trafen dort auch bald Juan Pizarro und Gonzalo Pizarro ein.

Am nächsten Tag erschien auf den Anhöhen über der Stadt eine gewaltige Anzahl von Indios aus allen vier Provinzen des Reiches (denn es ist erwiesen, dass sie alles durch vier teilen, und so haben sie die Provinzen Chinchasuyo, Collasuyo, Condesuyo und Andasuyo, und von dort überall her kamen sie, um auf diesen Ort zu treffen). Hernando Pizarro beschloss, zusammen mit allen Spaniern in das unwegsame Gebirge vorzustoßen, wo sich das Kontingent aus der Region Condesuyo befand. Die Indios erwarteten sie am Fuß der Berge, wo sie einen Erdwall neben dem Fluss errichtet hatten. Pizarro und seine Brüder griffen zusammen mit den anderen mit allem Mut an und was die Indios auch taten, sie konnten nichts weiter ausrichten, weil Hernando Pizarro sein Pferd gegen den Erdwall anrennen ließ. Dabei erreichte er, dass sein Pferd mit der Brust gegen den Erdwall stieß, der im Ganzen aus trockener Erde bestand. Dadurch entstand ein Weg, auf dem alle anderen durchkamen. Im Hochland dagegen begannen die Indios an Überlegenheit zu gewinnen, indem sie große Steine von oben hinabwarfen, was ihnen aber wenig half, da sich Hernando Pizarro und die Nachfolgenden so sehr beeilten, dass sie schnell den höchsten Punkt des Weges erreichten. Sie schlugen die Indios in die Flucht und verfolgten sie gute drei Leguas, als sie plötzlich feststellten, dass sie Juan Pizarro mit drei oder vier Reitern verloren hatten. Gonzalo Pizarro konnte ihn nicht finden und befürchtete schon, dass er getötet worden sei, weil er genau gesehen hatte, dass Juan Pizarro allein gewesen war.

Am nächsten Tag zog Gonzalo Pizarro aus, um eine Wache in Richtung der Provinz von Collao aufzustellen. Dabei wurde er von vielen Indios angegriffen, die sich ihm von allen Seiten näherten und ihn in arge Bedrängnis brachten. Als Hernando Pizarro davon erfuhr, zog er mit Juan Pizarro und einigen Reitern aus, um seinem Bruder zu Hilfe zu kommen. Die

Indios erwarteten sie in der Ebene, wo man das Gefecht gut übersehen konnte. Hernando Pizarro wurde von einem der Krieger verletzt, die mit Schleudern und Lanzen kämpften, und Juan Pizarro wurde von einem Pfeilschützen angegriffen, der sein Pferd tötete, woraufhin er sich in großer Gefahr befand. Weitere zwei oder drei Pferde wurden getötet. Gonzalo Pizarro brachte die Rettung, indem er sich mit solchem Ungestüm gegen die Feinde warf, dass diese die Flucht ergriffen. Von der Abteilung des Hernando Pizarro starb ein Spanier, der seinen Befehlen nicht gefolgt war, von den Indios dagegen starben viele.

Am nächsten Tag zogen Juan und Gonzalo Pizarro aus, um eine Abteilung zu zerschlagen, die auf einem Hügel in Richtung Chinchasuyo gesehen worden war. Doch als die Spanier näher kamen, begannen die Indios sich zurückzuziehen, und lockten die Spanier in einen Hinterhalt von zwanzigtausend Kriegern, die mit solcher Heftigkeit und Kühnheit angriffen, dass die Spanier in große Bedrängnis kamen, denn der Boden war so uneben, dass die Reiter nichts ausrichten konnten. Deswegen konnten sie nichts anderes tun, als sich so geordnet wie möglich in die Stadt zurückzuziehen. Die Indios verfolgten sie, so dass sie sich sehr beeilen mussten, jedoch durch den Mut und die Befehle der spanischen Caudillos gingen die Spanier nicht zugrunde.

Während dies geschah, lieferten sich die befreundeten Indios, die in der Festung geblieben waren, ein Gefecht mit den Gegnern, um die Flanke der Spanier zu verteidigen. Weil die Gegner aber sehr zahlreich waren, eroberten diese die Anhöhe und nahmen die Festung ein. Die verbündeten Indios flüchteten den Abhang hinunter zur Stadt. Als Hernando Pizarro dies sah, nahm er sich sofort ein Pferd und eilte den Verbündeten zu Hilfe. Einige Spanier folgten ihm geschwind. Er handelte so schnell und so geschickt, dass er viele der Gegner verletzte und tötete und schließlich zur Flucht zwang und so die Spanier allen Boden vor den Stadtmauern zurückeroberten.

Hernando Pizarro wollte sein erschöpftes Pferd nicht leiden lassen, welches sich ob der schnellen Manöver nicht mehr richtig bewegen konnte. Ihm wurde mit einer Stute ausgeholfen und er stürmte zusammen mit den Spaniern, die sich bei ihm befanden, von neuem gegen die Indios. Sie töteten und verwundeten deren viele mit der Lanze und schlugen sie vollständig in die Flucht. Hernando Pizarro nahm als vorderster Reiter die Verfolgung auf, so dass die Spanier ihn aus den Augen verloren und annahmen, dass sein übergroßer Mut ihn das Leben kosten würde. Denn die Feinde, als sie bemerkten, dass er allein kam, warfen sich auf ihn und hätten ihn ohne

Zweifel getötet, wenn er nicht umgekehrt und sich wieder mit den anderen Christen vereinigt hätte, um mit ihnen gemeinsam gegen die Indios zu kämpfen. Einhundert von ihnen suchten Schutz auf einer Anhöhe, wo weder die Pferde der Spanier hinaufkamen noch die Soldaten kämpfen konnten. Die Indios verteidigten sich sehr gut, indem sie große Steine hinunterwarfen und schleuderten, was sie gegenüber den Spaniern in einen großen Vorteil setzte. Hernando Pizarro, der sehr empört darüber war, sie in diesem Hochmut zu sehen, erkannte, dass sie ohne einen kühnen Vorstoß nicht vertrieben werden könnten und befahl einigen seiner besonders gewandten und mutigen Leute abzusteigen und die Indios davonzujagen. Die Ausgewählten stiegen unter großer Mühe und Gefahr hinauf. Wegen der Steine, die in unzähliger Menge nach unten geschleudert wurden, ohne einen von ihnen zu treffen, schien es wunderbarerweise, als kämpfe Gott mit ihnen. Denn ohne dass einer der spanischen Männer starb, mussten alle Indios ihr Leben lassen, nicht einer kam davon. Die befreundeten Indios wüteten in einer Weise, die sie bestärkte und sie neuen Mut fassen ließ für die kommenden Geschehnisse.

Nach diesem Sieg kehrte Hernando Pizarro in die Stadt zurück und traf dort auf Juan Pizarro, der verwundet worden war. Dieser kümmerte sich jedoch nicht weiter um seine Wunde, was die Ursache für seinen Tod wurde, der sich bald darauf ereignete. Hernando Pizarro sagte, dass ihm das Aufstellen von Wachen in der Festung gut dünke, denn wenn die Indios diese einmal genommen hätten, könnten sie auch die Stadt einnehmen. Juan Pizarro entgegnete ihm, dass er nichts dagegen hätte, wenn die Indios die Festung einnähmen, denn immer wenn es nötig sein würde, sie zurückzugewinnen, würde man dies mit zwanzig Reitern schaffen. Dagegen sei es gefährlicher, die Leute zu teilen, da man nicht über so viele verfügen würde.

Noch am gleichen Tag befahl Hernando Pizarro, dass aus allen Reitern drei Kompanien aufgestellt werden, die er dem Befehl von Gonzalo Pizarro und zwei anderen Hauptmännern unterstellte. Es waren nicht mehr als neunzig Reiter ohne die Hauptmänner, jede Kompanie umfasste dreißig Reiter. Danach wurde die Stadt in drei Teile aufgeteilt. Gonzalo Pizarro erhielt den Befehl über die Festung und die Provinzen Chinchasuyo und Condesuyo, der eine Hauptmann den über Collao, Canches und Tambo, der andere über Andasuyo und Collasuyo. Das Fußvolk teilte man nicht auf, dazu waren es zu wenig Leute, die noch dazu von den Indios kaum beachtet wurden.

Am nächsten Tag, einem Sonnabend, dem Tag des Heiligen Johann Ante-Portam-Latinam, stellte sich heraus, dass die Festung von den Indios eingenommen worden war. Die Indios aus allen Provinzen und Landesteilen, die sich, wie ich sagte, nahe der Stadt gesammelt hatten, teilten sich in neun Gruppen. Darunter befand sich eine Abteilung von zwanzigtausend Indios und eine andere von zwölftausend und eine weitere von zehntausend, was insgesamt, wie später ausfindig gemacht wurde, hunderttausend Krieger und achtzigtausend Hilfstruppen ausmachte. An der Flanke der Festung legten sie Feuer an die Häuser der Stadt, und so wie sie die Häuser abbrannten, gewannen sie an Boden und errichteten Erdwälle und Gruben auf den Straßen. An diesem Tag war es sehr windig, und weil die Obergeschosse der Häuser aus Stroh bestanden, war die Stadt bald eine einzige Feuerflamme, in der die Indios laut schrien und wo der Rauch so dicht war, dass einer den anderen weder hören noch sehen konnte.

Jeder spanische Hauptmann hatte die Verantwortung für ein Stadtviertel. Die Indios ließen ihnen jedoch keine Zeit, sich gegenseitig zu helfen. Hernando Pizarro kam dort zu Hilfe, wo es ihm am notwendigsten erschien. Die Indios, ihres Sieges sehr sicher, drängten mit ungeheurer Entschlossenheit in die Straßen und kämpften Mann gegen Mann gegen die Spanier.

Hernando Pizarro sann auf eine List, um die Feinde nicht noch stärker werden zu lassen. Er löste aus den Abteilungen etwa zwanzig Berittene, mit denen er sich in Richtung Condesuyo begab. Dort stieß er mit solcher Kraft gegen die Indios vor, dass er viele verletzte und tötete und sie bis zu den Schluchten trieb, die es dort im Gebirge gibt. Ein großer Teil des Tages verging, ohne dass sich eine Überlegenheit der einen Seite über die andere erkennen ließ. Hernando Pizarro erschien es besser, in die Stadt zurückzukehren, denn dort war die Lage nicht besonders gut. Also befahl er seinen Leuten, sich zurückzuziehen. Die Indios verfolgten sie bis in die Ebene und als Hernando Pizarro dies bemerkte, drehte er um und schlug zwischen ihnen so um sich, dass sie sich den ganzen weiteren Tag nicht mehr erdreisteten, ihren Platz zu verlassen. Bei dieser Aktion verlor ein Spanier sein Pferd, als er wegen eines schlechten Wegstückes absitzen musste.

Auch an den folgenden Tagen brannte die Stadt weiter, und die indianischen Krieger wurden hochmütig, da es ihnen so schien, als wären die Spanier nicht mehr fähig, sich zu verteidigen.

Huillauma, ihr Führer und Generaloberst, setzte alles daran, die Festung an sich zu reißen, da ihm schien, die Stadt wäre ohne Widerstand, sobald er die Festung in seiner Gewalt hätte. Der Inka selbst befand sich die ganze Zeit über drei Leguas von hier entfernt und organisierte den Einsatz der Reservetruppen für die Schlacht.

Als die Häuser ganz niedergebrannt waren konnten die Indios auf den steinernen Mauerkronen entlanggehen. Dort waren sie sehr sicher, weil man ihnen auch zu Pferde nichts anhaben konnte. Die Spanier konnten sich weder des Tags noch des Nachts erholen. Sobald es dämmerte, begannen sie die Mauern der abgebrannten Häuser abzureißen, um den Platz frei zu bekommen. Sie rissen Erdwälle nieder und schütteten Löcher und große Gruben zu und zerstörten Bewässerungskanäle, durch die die Feinde Wasser leiteten, um den Boden in Sumpf zu verwandeln. Damit sollte der Reiterei das Fortkommen erschwert werden.

Vom Tagesanbruch bis zum Einbruch der Dunkelheit verwandelten sich die Spanier wieder in Kämpfer. Nach sechs Tagen voller Arbeit und Gefahren, nachdem sich die Feinde fast der gesamten Stadt bemächtigt hatten und die Spanier nur noch den Hauptplatz mit einigen Häusern im Umkreis ihr eigen nannten, zeigten sich viele der Leute voller Schwäche und rieten Hernando Pizarro, die Stadt aufzugeben und einen Weg zu suchen, um ihrer aller Leben zu retten. Hernando Pizarro lachte sie aus und antwortete ihnen: »Ich weiß nicht, meine Herren, wie Sie dies in Angriff nehmen wollen, ich jedenfalls habe und hatte keine Furcht.« Aus Scham über diese Worte wagten sie nicht, ihre Vorschläge zu unterbreiten; aber viele diskutierten weiter, bis es hell wurde. Hernando Pizarro ließ sich dazu den ganzen Tag über nichts anmerken. Doch als es dunkelte, ließ er nach Juan Pizarro und Gonzalo Pizarro rufen und nach anderen, auf die er sich verlassen konnte. Und als sie zusammen waren sprach er zu ihnen wie folgt: »Hört, meine Herren, ich bat um die Güte sich hier zu versammeln um zu Ihnen allen zu sprechen. Ich denke, die Indios werden mit jedem Tag unverschämter zu uns, und ich glaube, die Ursache dafür sind die Ängstlichkeit und die Gleichgültigkeit, die sich bei einigen zeigen und denen es leicht fällt zu sagen, dass wir diesen Ort aufgeben werden. Denn falls Ihr, Juan Pizarro, ihnen dieses Votum gegeben habt, so scheint es mir, dass Ihr die Stadt gegen Almagro verteidigtet, als dieser sich erhoben hatte und gegen die Indios, die keinen Respekt hatten. Und Ihr, Schatzmeister, an Eurer Stelle scheint es sehr hässlich von solchen Dingen zu reden, da Ihr den königlichen Fünften verwaltet und verpflichtet seid, darauf genauso gewissenhaft zu achten wie ein Bürgermeister auf die Befestigung seines Ortes. Und Ihr, meine Herren Bürgermeister und Ortsrichter, es ist nicht recht, wenn

Ihr den Ort, der Euch zur Verwaltung und Rechtsprechung anvertraut worden ist, ausliefert und in die Hände der Tyrannen gebt. Schlecht möglich erschiene mir, dass es von dem Land, welches Franzisco Pizarro, mein Bruder, eroberte und bevölkerte, hieße, Hernando Pizarro hätte es aus Furcht aufgegeben. Denn wer über klaren Verstand verfügt und die Schwächen der Indios kennt, kann deutlich sehen, wie unter ihnen der Mut sinkt. Sterbt im Dienste des Herrn und des Königs, die Eure Häuser und Güter erhalten. Seht, es sind Schätze, die Ihr verlasst und wegen denen Ihr die jetzige Gefahr suchtet. Wer flieht, denkt nicht daran, denn was Ihr im Begriff seid zu tun, ist, mich allein zu lassen, wo ich mit meinem Leben die Schuld zahlen werde, die mich verpflichtet zu tun, was ich gesagt habe: dass Gott, der Herr, nicht gewollt hat, dass ein anderer die Stadt erobere und ich sie verlöre. Stärken wir uns alle mit dem Grund, den wir haben, um zu kämpfen und keine Furcht zu empfinden, denn wisset, mit der Anstrengung erreicht man das Unmögliche, und ohne diese wird das Einfache schwierig. Dies ist mein Wille, ich ersuche Euch, darin mit mir übereinzustimmen; denn wenn wir nicht einig sind, werden wir zugrunde gehen.«

Allen erschienen diese Worte als die eines tapferen Mannes und sie antworteten ihm, dass ein Mann mit seiner Erfahrung der Richtige sei, um sich zu rüsten und ihre Aufgabe in Angriff zu nehmen. Hernando Pizarro sagte ihnen allen vielmals dankend: »Seht, wie sehr die Leute müde und schlaflos sind, die Pferde mager und voller Müdigkeit, wie sich die Festung in der Hand der Feinde befindet, wodurch wir großen Schaden erleiden, denn die Festung gibt ihnen Rückendeckung, um uns in die Stadt zu drängen, weshalb sie soviel Unverschämtheit haben. Nach dem jetzigen Zustand, in dem wir uns befinden, ist es unmöglich, dass wir die Stadt noch zwei Tage länger halten, da wir nicht mehr als den Hauptplatz innehaben. So müssen wir entweder alle das Leben verlieren oder die Festung für uns gewinnen, denn wenn wir diese erobert haben, ist auch die Stadt geschützt. Und wenn nicht, werden wir sie verlieren. Deswegen ist es notwendig, dass ich am Morgen mit allen verfügbaren Reitern die Festung einnehme.« Alle stimmten zu, die Reiter waren gerüstet, mit ihm zu sterben oder die Belagerung zu durchbrechen. Und Juan Pizarro entgegnete: »Um meinetwillen unterließ man es, Wachen in der Festung aufzustellen. Aber ich sagte, dass immer, wenn es nötig sein wird, ich sie wieder einnehmen werde. Und nun ist schlecht ausgegangen, wofür ich eingestanden bin, und niemand wird mir diese Schuld nehmen.« Und er bat Hernando Pizarro, ihm Leute zuzuteilen, damit er zur Festung gehen könnte, um es wieder zum Guten zu wenden. Hernando Pizarro entgegnete ihm, dass es nicht nötig sei, woraufhin Juan Pizarro antwortete, dass er es für gut befände, wenn er, Hernando, in der Stadt bliebe und dass er, Juan, auf jeden Fall diesen Angriff unternehmen wolle. Daraufhin rüsteten sich für diesen Einsatz fünfzig Reiter, ebenso Gonzalo Pizarro und ein weiterer Hauptmann, Hernando Ponce.

Am Morgen des nächsten Tages, als alle zum Abmarsch bereit waren, warnte Hernando Pizarro seinen Bruder Juan Pizarro, den Königsweg in Richtung Los Reyes zu benutzen. Er solle sich lieber eine Legua entfernt davon halten. Denn trotz der Nähe der Festung hatten die Indios so viele Gruben und Erdwälle errichtet, dass man den Weg unmöglich benutzen könne, ohne dass die Indios hinterrücks über einen herfielen. Noch während Hernando Pizarro auf dem Hauptplatz stand und dieses anordnete, kamen Indios herab, um eine Befestigung einzunehmen, die bei der Reparatur ebendieses Platzes errichtet worden war und von der aus der ganze Platz überblickt werden konnte. Zwei Männer, die dort als Wache aufgestellt worden waren, schliefen. Darum konnten die indianischen Krieger die Befestigung einnehmen, ehe man den beiden zu Hilfe eilen konnte. Angesichts dessen befahl Hernando Pizarro sofort einige entschlossene Männer zu Fuß dorthin. Diese gingen mit solcher Schnelligkeit vor, dass sie die Befestigung zurück erobern und die Indios vertreiben konnten. Nachdem dies getan war, befahl Hernando Pizarro, alle Leute zu Fuß und zu Pferde zusammenzurufen, um einen großen Erdwall einzunehmen, den die Indios neben der Stadt auf dem Weg angelegt hatten, um die Spanier am Verlassen der Stadt zu hindern. Der Wall diente zur Verteidigung der Garnison von Chinchasuyo mit gut zwanzigtausend Männern. Doch es war notwendig, gerade jetzt mit allen Leuten aus der Stadt auszubrechen, denn da es noch früher Morgen war, hatten noch nicht alle indianischen Krieger ihre Quartiere verlassen. Als sie alle Spanier die Stadt verlassen sahen, riefen die Indios mit lauter Stimme: »Diese Christen mit ihren guten Pferden, sie fliehen, und die, die bleiben, sind krank, lassen wir sie sich entfernen und töten dann die anderen alle.«

Juan Pizarro begann, um den Wall zu kämpfen, wo sich großer Widerstand regte, aber weil der Indios so viele waren, gelang es nur fünfzig Reitern, den Wall zu durchbrechen, während sich die übrigen in die Stadt zurückzogen. Von der indianischen Abteilung neben der Festung löste sich eine Schwadron, um zu kämpfen. Hernando Pizarro und die Leute, die bei ihm waren, zwangen sie, dorthin zurückzukehren, denn da die anderen Garnisonen noch nicht angekommen waren, wagte diese Schwadron lediglich, sich zu verteidigen. Juan Pizarro nahm seinen Weg nach rechts, und als er den Weg auf dem Kamm der Felsen erreichte, stürzte er sich auf die Feinde und lieferte sich mit ihnen ein Gefecht, bis er sie zu den Plätzen vor der Befestigung trieb. Vor der Festung und in der Stadt drängten sich viele Indios. Deshalb schickte Hernando Pizarro alles Fußvolk und die befreundeten Indios sowie Boten zu Juan Pizarro, um ihm mitzuteilen, dass er sich auf keinen Fall entschließen solle bis zum Einbruch der Nacht zu kämpfen, weil der Feinde zu viele waren und diese ständig Verstärkung erhielten und man gegen sie keine Ehre gewinnen konnte. Er unterwies ihn, nicht selbst zu kämpfen, da er aufgrund der Wunde, die er im Scharmützel von Chinchasuyo davongetragen hatte, keinen Helm aufsetzen konnte. Und es wäre sehr unsinnig, ohne Helm zu kämpfen.

Die Spanier taten gegenüber den Indios so, als würden sie sich zur Nachtruhe begeben. Das ließ die Indios unaufmerksam werden. Als es Juan Pizarro an der Zeit schien, befahl er den Angriff, um einige Plätze nahe der Festung einzunehmen. Gonzalo Pizarro begann den Kampf mit allen Leuten einer Truppe, als sie die Indios von den Höhen herabkommen sahen, und eine gewaltige Menge von ihnen zusammenkam, um die Festung zu verteidigen. Sie leisteten solchen Widerstand, dass die Spanier begannen, nachzulassen. Juan Pizarro, den diese Situation sehr beunruhigte, begann anzugreifen, um seine Leute zu unterstützen. Dieser Angriff erfolgte gerade auf dem Höhepunkt des Kampfes und dadurch animierten er und Gonzalo Pizarro mit den anderen Hauptleuten voran die Spanier und trotz der vielen Feinde gewannen sie das Gelände und drangen bis an die Festung vor. Juan Pizarro, der den Sieg mit der Besetzung der Festung vervollständigen wollte, griff das Tor an, welches wie folgt beschaffen war: von der Außentür gingen links und rechts dicke Mauern bis zu einem weiteren Tor mit geschlossener Decke. Hier schachteten sie eine Grube aus, die sie in Gänze wieder bedeckten, damit die Indios, wenn sie flohen, hier einer über den anderen fielen. Bei dieser Arbeit geschah es, dass Juan Pizarro durch einen Stein am Kopf verwundet wurde, da er, wie ich schon sagte, keinen Helm trug.

Gonzalo Pizarro tat alles, was er nur konnte, aber es nützte nichts, die Spanier wurden mit jeder Stunde schwächer, so dass es unmöglich schien, die Festung zu nehmen. In dieser befanden sich noch unendlich viele Indios. Es waren derer so viele, dass sie weder vor noch zurück konnten und weitere in die genannte Grube fielen. Juan Pizarro wurde aufgrund seiner Verletzung in die Stadt gebracht.

Hernando Pizarro vermutete nicht zu Unrecht, dass die Spanier dort oben ohne seinen Bruder in Bedrängnis geraten könnten. Obwohl man ihn daran hindern wollte, stieg er noch in derselben Nacht hinauf zur Festung. Er befahl, den Kampf zu beenden, um am nächsten Tag zu sehen, wo man die Indios am besten angreifen konnte. Am nächsten Morgen umritt Hernando Pizarro die Festung, um herauszubekommen, ob es einen Eingang gäbe. Und er sah, dass sie von allen Seiten von sehr hohen Mauern umgeben war, so dass es ohne Leitern undenkbar war, sie einzunehmen. Diesen ganzen Tag bis zum Nachmittag dachte er nur daran, wie er in die Festung gelangen könne.

Während dieser Zeit waren Gonzalo Pizarro und der andere Hauptmann mit den Reitern damit beschäftigt, diejenigen Gegner, die den Eingeschlossenen zu Hilfe eilen wollten, daran zu hindern. Die in der Festung eingeschlossenen Indios riefen mit lauter Stimme und mit Zeichen die verschiedenen Hauptleute an, ihnen zu helfen. Aber Gonzalo Pizarro konnte nicht überwältigt werden, denn er verteidigte sich sehr gut. Der indianischen Krieger waren aber sehr viele. Und Hernando Pizarro, der erkannte, dass das Leben aller und die Sicherheit dieses Königreiches von der Einnahme der Festung abhing, ging mit dem Eifer eines guten Anführers daran, dem einen oder anderen zu helfen. Den Nachlassenden, indem er ihnen frische Männer schickte, andere ermutigte er mit seiner Kraft im Kampf. Die Kämpfenden waren ineinander verkeilt, ging es doch um diese Höhe, die sie bereits genommen hatten. Als der Inka erfuhr, in welcher Situation sich die Festung befand, schickte er schnell fünftausend hervorragende Kämpfer zu Hilfe. Das brachte die Spanier in arge Bedrängnis, denn jene Kämpfer griffen entschlossen an. Alle neu hinzukommenden Truppen konzentrierten sich nicht so sehr auf die Stadt, sondern nur auf die Festung, in der sich auch der Huillauma befand.

Als die Leitern fertiggestellt waren, begannen Hernando Pizarro und das Fußvolk am Nachmittag mit dem Kampf. Sie taten das mit solcher Schnelligkeit und Kühnheit, dass der Huillauma dachte, es gehe dem Ende entgegen und deshalb beschloss zu fliehen. Mit einigen anderen sprang er über versteckte Dächer in Richtung des Flusses, so dass sie von den Spaniern nicht gesehen werden konnten, auch wegen des zerklüfteten Terrains auf der dem Fluss zugewandten Seite der Festung. Als sie die Schlucht des Flusses erreichten, waren sie so verdeckt, dass sie nicht bemerkt wurden. Sie sammelten die Leute aus Chinchasuyo und begaben sich auf den Weg zum Inka, der sich drei Leguas von hier befand. Als der Huillauma einen Tag nach seiner Flucht beim Inka eintraf, wollte dieser nichts als sterben.

In der Festung war ein von ihnen allen sehr geschätzter Anführer zurückgeblieben, einer von denen, die aus den Pokalen getrunken hatte, von denen ich berichtete. Bei ihm waren viele, die sich an den Schwur hielten, den sie dem Inka gegeben hatten. Diese kämpften den ganzen Tag und die Nacht, was Hernando Pizarro viel zu tun gab, damit die Spanier nicht nachließen. Als der Tag anbrach, begannen die Indios in der Festung nachzulassen, weil sie ihren Vorrat an Steinen und Pfeilen aufgebraucht hatten. Als dies der indianische Hauptmann bemerkte, lief er mit einer Keule in der Hand überall herum, erschlug jeden Indio, der sich feige gab und warf ihn die Festungsmauer hinunter. Plötzlich trafen ihn zwei Pfeile. Er schenkte dem aber so wenig Aufmerksamkeit, als hätten sie ihn überhaupt nicht berührt. Aber als er sah, dass seine Leute völlig erschöpft waren und die Spanier ihn über die Leitern und von allen Seiten von Stunde zu Stunde mehr bedrängten, war ihm klar, dass alles verloren war, da es nichts mehr gab, womit man hätte kämpfen können. Er schleuderte die Keule, die er noch in der Hand trug, gegen die Christen und riss Erdklumpen hoch, biss in sie hinein und rieb sich damit so voller Kummer und Wut das Gesicht ab, dass es unglaublich war. Da er es nicht erleiden wollte, mit eigenen Augen zu sehen, wie in die Festung eingedrungen wurde und da er dem Inka das Versprechen gegeben hatte zu sterben, wenn die Feinde die Festung nahmen, sprang er von der Höhe der Festung hinunter, damit die Feinde nicht über ihn triumphieren konnten. Die übrigen waren mit seinem Tod so geschwächt, dass sie Hernando Pizarro und die anderen hineinließen. Die Spanier töteten die, die übriggeblieben waren, mit dem Messer, es waren noch eineinhalbtausend. Auf Seiten der Spanier starb außer Juan Pizarro noch ein weiterer Mann, und sehr viele wurden verwundet.

Nach diesem so bedeutsamen Sieg befahl Hernando Pizarro, auf der Höhe der Festung ein Banner aufzupflanzen, damit alle Indios davon Kenntnis hätten. Das Banner ließ er von einigen Fußsoldaten bewachen. So groß war die Ohnmacht und Angst der Feinde, dass sie die Plätze neben der Stadt verließen und sich in ihre Lager zurückzogen, die sie stark befestigt hatten.

Am Morgen des nächsten Tages bemerkte Hernando Pizarro, dass die Indios nicht fortgingen, weil sie keine Nachricht vom Inka erhalten hatten, und da sie eingeschüchtert verharrten, befahl er den Hauptleuten, dass ein jeder mit seiner Kompanie losziehen und sie von hier vertreiben sollte. Er selbst nahm die Kompanie von Gonzalo Pizarro mit sich und ging gegen die Leute aus Chinchasuyo vor, die er in die Flucht schlug und bis zum Einbruch der Nacht verfolgte. Als es Zeit wurde, sich zurückzuziehen, fehlte Gonzalo Pizarro, der in dem unebenen und unwegsamen Gelände während der Verfolgung vom Wege abgekommen war. Sofort ging man noch in der Nacht auf die Suche nach ihm und fand ihn schließlich zusammen mit vier anderen. Diese kehrten aber nicht mit ihm zurück und wurden in der Nacht von den Indios getötet, die bei der Flucht zurückgeblieben waren. Immerhin waren es fast zwanzigtausend gewesen und die Spanier nicht mehr als die erwähnten.

Am nächsten Tag ging Hernando Pizarro gegen die aus Collasuyo vor, am folgenden gegen die aus Condesuyo und schlug sie in die Flucht und ließ sie bei jedem Zusammenstoß den Wert seiner Kraft und seiner Person erfahren. Dieser bemerkenswerte Sieg trug sich zu am neunundzwanzigsten Tag des Monats Mai des Jahres eintausendfünfhundertsiebenunddreißig.

Als sie nun wieder in der Stadt zusammentrafen, befahl Hernando Pizarro allen Hauptleuten und allen anderen, sich zu versammeln, und er sprach zu ihnen wie folgt: »Gott hat es gefallen, uns diesen Sieg zu schenken, dass wir die Festung einnehmen konnten und die Stadt, jetzt können wir uns ein wenig Erholung gönnen, meine hochnoblen und tugendhaften Herren. Um die Stadt zu sichern, ist es besser, in Ruhe Vorbereitungen zu treffen, Proviant zu besorgen, den man von hier aus dem Tal von Jaquijaguana holen kann, solange die Indios noch mit der Belagerung beschäftigt sind. Der Mais ist reif für die Ernte, und es ist besser, den Indios zuvorzukommen, denn später wäre es ein großes Hindernis, den Mais von weiter weg heranholen zu müssen.« Alle zeigten sich daraufhin beunruhigt, da es nicht an der Zeit sei, die Leute zu teilen, weil sich die Feinde nicht weit entfernt aufhielten und man sich in größerer Gefahr befinden könne als vorher. Hernando Pizarro antwortete, dies sei keine große Schwierigkeit. Wegen der fehlenden fünfundzwanzig Reiter wäre man nicht verloren, wohl aber würde die fehlende Nahrung doppelte Gefahr bedeuten. Aber in allem widersprachen sie ihm und meinten, sie könnten drei lange Monate ohne Nahrung auskommen und man könne in der Zwischenzeit um Hilfe nach Ciudad de Los Reyes schicken. Darauf antwortete er, dass die Entfernung von hier nach Ciudad de Los Reyes groß sei, mit Flüssen und schlechten Pässen dazwischen, und dass auch in Los Reyes Leute fehlen könnten und man nicht deren Hilfe voraussetzen könne. Sie müssten sich klar machen, dass es in dieser Provinz außer ihnen niemanden gäbe, in den sie Vertrauen haben könnten, und sie sollten aufhören, ihr Herz zu weiten für alles, was auf sie zukommen könnte. Da er sich selbst nicht von dieser Gefahr ausnahm, die sie durchzustehen hatten, sollten sie sich nicht empören, sondern den Schwierigkeiten ins Auge sehen. So schickte er Gonzalo Pizarro gegen dessen Willen auf den Weg. Nach fünf Tagen kehrte dieser mit Indios und Indias zurück, die eine große Menge Mais trugen.

Nach Gonzalo Pizarros Rückkehr brachten die Indios zu Neumond ihre Opfer dar. Sie pflegten den Brauch, bei allen Belagerungen und Kriegen, die sie führten, bei Neumond mit dem Kämpfen auszusetzen. So taten sie auch, als sie im Aufstand begriffen waren. Das heißt, die Belagerer hatten sich drei oder vier Leguas entfernt, um zu opfern und die Leute neu zu formieren. Sie opferten der Sonne Schafe oder Tauben, da sie unter den wichtigsten Oberhäuptern und auf dem weitaus größten Gebiet von Peru weder Menschen opferten noch Götzen anbeteten außer der Sonne. Obwohl in einigen Provinzen die dem Inka unterworfen waren, Menschen geopfert und Götzen angebetet wurden.

Nachdem sie ihre Opferzeremonien abgehalten hatten, näherten sie sich wieder der Stadt, aber da die Spanier Wachen in der Festung aufgestellt hatten, konnten die Indios die Stadt nicht so arg bedrängen wie beim ersten Mal. Die Spanier standen schon außerhalb der Stadt, so dass die Indios keinen Fußbreit in diese setzen konnten. Diese erneute Belagerung dauerte zwanzig Tage, bis es für die Indios wieder Zeit wurde, das Opfer durchzuführen. Auf allen Seiten kam es täglich zu großen Scharmützeln, bei denen viele Indios getötet wurden. Dabei hatten die Spanier noch viel mit dem Zuschütten der Löcher und Gruben zu tun. Als die Belagerung wieder begann, schien es Hernando Pizarro, es sei das Beste, den Inka zu suchen, um die Indios zu entmutigen. Er wusste, dass sich der Inka in einem Dorf namens Calca aufhielt, sechs Leguas von hier. So befahl er fünfzig Reitern, sich auf ein Unternehmen vorzubereiten, sehr gegen den Willen der Leute. Nachdem sie die ganze Nacht unterwegs gewesen waren, trafen sie am frühen Morgen auf den Inka. Die Leute, die dieser bei sich hatte, waren wenige und sie flohen. Der Inka selbst floh durch großes Glück über eine Bergkette; er tötete einige Leute, die ihn verfolgten. Hernando Pizarro wurde informiert, dass man einige Indios lebend gefangen genommen hatte. Diese konnten erklären, weshalb nur so wenige Leute beim Inka gewesen waren. Denn die Gefangenen sagten aus, dass sich in jener Nacht das gesamte Heer aufgemacht hätte, um auf Cuzco zu stoßen, und dass die Spanier nur deshalb nicht mit diesem Heer zusammengetroffen waren, weil sie einen anderen Weg genommen hatten. Hernando Pizarro befahl zwölf Reitern, sich eiligst auf den Weg nach Cuzco zu begeben. Diese Zwölf trafen an einem schwer passierbaren Pass auf viele Indios, gegen die sie sich verteidigen mussten. Gleichzeitig schickten sie Nachricht an Hernando Pizarro. Es war ein großes Glück, dass sie nicht passieren konnten, denn als es einer versuchte, verlor er sein Leben wegen der Beschaffenheit des Weges an dieser Stelle, er stürzte eine Schlucht hinunter.

Bald darauf, am Morgen, kam Hernando Pizarro mit allen Leuten den gleichen Weg. In der Nähe des Passes befanden sich fast eintausend Indios zwischen der Ebene und dem Fluss. Diese versuchten eine List, als sie angegriffen wurden. Sie täuschten ihre Flucht vor und versuchten dabei, zum Pass zu gelangen. Dort lagen viele große Steine, die sie dann auf die Spanier hinabwerfen wollten. Hernando Pizarro fühlte die List der Indios und er befahl das gesamte Fußvolk und die befreundeten Indios heran. Mit den Reitern bot er dem Feind die Stirn. Dadurch sollte das Fußvolk Zeit gewinnen, um den Pass zu besetzen. Dieses Vorhaben gelang auch und das Fußvolk konnte die Höhen einnehmen, während sich die Reiter mit den indianischen Kriegern bekämpften und letztere in die Flucht schlugen. Dabei wurden einige Indios getötet. Die anderen konnten sich retten, weil die Berge in der Nähe waren. Nach diesem guten Gelingen konnte Hernando Pizarro ohne einen weiteren Zwischenfall passieren. Wäre es anders gelaufen, hätte er einige Leute verloren oder aber die Berge nicht einnehmen können, was ein sehr großer Nachteil gewesen wäre.

In der Stadt angekommen, musste er feststellen, dass von allen Seiten viele indianische Krieger zusammengekommen waren und die Absicht verfolgten, sie erneut einzukreisen. Er befahl den Hauptleuten, sich in ihre Abschnitte zu begeben und sich so weit wie möglich schon im Vorfeld der Stadt zu postieren, damit die Indios sich nicht wie beim ersten Mal so weit heranwagten. So machten sie sich auf den Weg, konnten aber wegen der unzähligen Gruben und Erdwälle nicht weit genug vordringen. Und weil sie keinen ausreichenden Platz fanden, konnten sie ihr Vorhaben, die Indios vernichtend zu schlagen, nicht verwirklichen. Die Indios schlugen ihr Lager auf, in dem sich eine gewaltige Menge an Leuten versammelte. Hernando Pizarro und alle anderen Kapitäne kämpften mit ihnen an diesem und an weiteren zwanzig Tagen. Weil aber alle indianischen Krieger sehr kriegserfahren waren, wagten sie sich auch sehr dicht an Hernando Pizarro heran. Dies war ihnen vorher unmöglich erschienen.

Nach einiger Zeit glaubte Hernando Pizarro zu erkennen, dass die Indios in der Verteidigung eines bestimmten Felsens besonders ausharren würden.

Dort befand sich die Abteilung eines der fähigsten indianischen Hauptleute, der die besten Leute bei sich hatte. Deshalb entschloss sich Hernando Pizarro, dort selbst nach dem Stand der Dinge zu sehen. Die Indios machten Gebärden des Spottes und Hohnes und taten so, als ob sie kämpfen würden. Und sie schwenkten ihre Trompeten und andere Instrumente, die bei ihnen üblich waren. Hernando Pizarro, der sie so unverschämt werden sah, wollte sich nicht verhöhnen lassen und griff sie mit allen, die ihm folgten, an. Er kam an einen Erdwall, den sie am Fuß des Berges neben dem Fluss errichtet hatten. Dort leisteten die Indios übermächtigen Widerstand. Aber mit großer Entschlossenheit ging Hernando Pizarro gegen sie vor und kämpfte mit ihnen, bis er den Erdwall eroberte. Dabei wurde er verwundet. Auf seinem Weg vom Fuße des Berges bis nach oben tötete er die Indios und war so vertieft darin, sie zu bestrafen, dass er, als er um sich blickte, nur acht Reiter sah, die ihm gefolgt waren. Alle anderen waren unten geblieben. Als die Indios erkannten, wie wenige sie nur noch waren, attackierten sie die Spanier erneut.

Hier war die Kraft von Hernando Pizarro aufs neue vonnöten, denn da der Aufstieg sich als sehr steinig und holprig erwiesen hatte, konnten sie den Abstieg nur wagen, wenn sie die Pferde an den Zügeln führten. Genau das aber konnte sie das Leben kosten. Die Beobachter der Szene sahen nun eine heldenmutige Tat. Das Scharmützel ging weiter, aber nun nahmen Hernando Pizarro und seine Mitstreiter den umgekehrten Weg. Und die acht, die mit ihm waren, erwiesen sich als ehrenhafte Leute und wären sicher eher bereit gewesen zu sterben, als ihren Besitz aufzugeben. Sie hatten ihr Verhalten derart aufeinander abgestimmt, dass sie das Scharmützel gehemmt hielten, so als wäre es ein Scheingefecht. Dabei wurden sie von den Indios angegriffen, als sie sich auf einem ebenen Teil des Berges befanden. Die Feinde zielten mit ihren Lanzen auf die Köpfe der Pferde. Und als diese Ebene endete, erschienen die Indios erneut am hinteren Ende der Pferde mit einem Schrei, der den Himmel aufzureißen schien. Die Spanier verschanzten sich auf einer anderen Anhöhe. So groß war die Not, in der sie sich befanden, dass sie, um die Pferde nicht bis aufs äußerste zu erschöpfen, immer nur zu dritt auf die Gegner gingen. So verteidigten sie sich zwei Stunden unter großer Gefahr. Es schien eigentlich unmöglich, so etwas zu erleiden. Gonzalo Pizarro auf seinem Posten sah, was geschah und er befürchtete, Hernando Pizarro würde das Schlimmste nicht verhindern können. Und weil er verhindern wollte, dass seinem Bruder ein Unglück zustößt, schwang er sich auf sein Pferd und folgte ihm zusammen mit einigen seiner Leute. Er hielt nicht inne, bis er hinauf auf die Berge gelangt war, wo er sich mit seinem Bruder vereinte. Dessen Pferd war nach all dem, was geschehen war, zu dieser Stunde bereits so ermüdet, dass, wenn man ihm nicht half, es seinen Tod und den seiner Begleiter zur Folge haben würde. Dann aber, als die Hilfe kam, gingen sie alle gemeinsam gegen die Feinde vor und zwangen diese, sich zurückzuziehen. Dadurch fanden sie Platz, abzusitzen und indem sie die Pferde vor sich her trieben, stiegen sie mit größtmöglicher Eile hinab.

Die Indios, die ihren Rückzug beobachteten, wendeten sich ihnen so schnell zu, dass die Spanier fast verloren gewesen wären, denn die Indios hatten die Höhe zu ihrem Vorteil und nutzten diesen Umstand aus. Hernando Pizarro und Gonzalo Pizarro gingen hinter den anderen und boten von Zeit zu Zeit dem Feind die Stirn, bis sie hinunter in die Ebene kamen, wo die Angreifer von ihnen abließen. Als aber die Indios erkannten, von wie wenigen Spaniern sie in den Bergen besiegt worden waren, da glaubten sie, sie würden eine viel höhere Niederlage erleiden, wenn sie mit größerer Absicht angegriffen würden. Deshalb beschlossen sie, das Feldlager abzubrechen und entfernten sich sehr traurig, als sie sahen, wie schlecht es ihnen ergangen war, da sie jeden Tag so viele Leute verloren hatten.

Die Abteilung aus der Provinz Chinchasuyo, die sich im Abschnitt von Gonzalo Pizarro befand, verhielt sich dagegen ruhig und rückte erneut zum Scharmützel aus. Hernando Pizarro bemerkte dies zusammen mit Gonzalo Pizarro und beide gingen gegen die Indios vor. Diese begannen sich zu verteidigen; viel fehlte nicht und sie hätten die spanischen Soldaten in die Flucht geschlagen. Aber diese verfolgten die Indios über zwei Leguas und trafen viele mit ihren Lanzen.

Einige Tage nach diesem Kampf erfuhr Hernando Pizarro, dass sich in einem Tal, das Mohina genannt wurde und das sich zwei Leguas von hier befand, viele Leute sammelten. Er befahl Gonzalo Pizarro, ihnen mit seiner Kompanie einen Besuch abzustatten. Dieser ging los und kämpfte derart beherzt mit ihnen, dass er sie in die Flucht schlug und mehr als dreihundert Männer tötete. Mit diesem Sieg kehrte er in die Stadt zurück. Doch kaum war er dort, schickte ihn Hernando Pizarro in das Tal von Jaquijaguana, um den Mais zu holen, der dort noch vom letzten Mal geblieben war. Die Indios, als sie davon erfuhren, empfingen ihn mit Geschrei. Sie hatten geglaubt, den Mais als Beute behalten zu können. Doch es geschah ihnen anderes, denn er brach so zwischen sie hinein, dass viele getötet oder festgenommen wurden. Im Anschluss brachte er Nahrungsmittel für fast ein Jahr zurück.

Später kehrten die Indios zurück, um sich zu sammeln und um sich der Stadt zu nähern, aber nicht mit solcher Raserei wie beim ersten Mal. Inzwischen hatten sich die Spanier beeilt und zusammen mit den befreundeten Indios hatten sie die Erdwälle abgebaut und die Gruben zugeschüttet. Und aus Furcht vor den Pferden wagten sich die Indios nicht heran. Als Hernando Pizarro bemerkte, mit welcher Zurückhaltung die Indios sich der Stadt näherten, befahl er allen Spaniern, in ihrer Reichweite keine einzige indianische Frau am Leben zu lassen. Denn wenn diejenigen, die frei blieben, Angst bekämen, würden sie nicht mehr ihren Männern dienen. Von jetzt ab machte er es so und diese List war so gut, weil sie so viel Angst damit verbreiteten. Die Indios ängstigten sich um ihre Frauen und diese hatten Angst um ihr Leben.

Deshalb zogen sie sich weit zurück und die Spanier konnten den Felsen erreichen. Als die Indios fort waren, befahl Hernando Pizarro einen Hauptmann zu sich. Dieser sollte aufbrechen und den Kaziken bestrafen, der zu Beginn des Kampfes drei Spanier durch seine Täuschung getötet hatte. Gleichzeitig sollte er Nahrungsmittel holen. Der Hauptmann machte sich auf den Weg und es kam zu einer Schlacht mit den Indios jener Provinz. Und er besiegte sie und schlug sie in die Flucht; und er machte es so gut, dass er nicht nur die Strafe vollzog, sondern auch viele Nahrungsmittel herbeischaffte. Hernando Pizarro befahl daraufhin einem anderen Hauptmann, mit allen Leuten, die über gute Pferde verfügten, Schafe aus der Provinz Collasuyo in die Stadt zu holen. Dazu sollten sie sechs Tage Zeit haben.

Es geschah zum gleichen Zeitpunkt, dass der Inka viele Leute aus Charcas und den Provinzen der Umgebung zusammenrief, mehr als 140 Leguas von hier. Diese Leute führten Tiger und zahme Löwen mit sich und viele andere wilde Tiere. Damit wollten sie Grauen und Angst unter den Christen verbreiten. Der Hauptmann auf seinem Weg nach Collasuyo stieß auf sie, und er stellte es so geschickt an, dass er viele Indios tötete und die übrigen in die Flucht schlug.

Zwei Tage, nachdem der Hauptmann die Stadt verlassen hatte, schickte Hernando Pizarro seinen Bruder Gonzalo Pizarro auf den Weg nach Tambo, wo sich der Inka aufhielt. Dieser hatte aber zu diesem Zeitpunkt viele Leute zusammengerufen, um sie über ihre Taten berichten zu lassen. Auch sollten sie sagen, was sie zu tun gedächten. Der spanische Hauptmann stieß auf die Leute aus Chinchasuyo und kämpfte mit ihnen einen großen Teil des Tages mit so viel Mut und Geschicklichkeit, dass er sie in die Flucht schlug und einhundert von ihnen tötete. Zweihundert nahm er gefangen. Denen wurde die rechte Hand abgeschnitten. Danach banden sie die Gefangenen los und ließen sie fortgehen. Diese harte Strafe löste ein großes Entsetzen bei den anderen aus. Mit diesen Siegen kamen die beiden Hauptleute am selben Tag zurück in die Stadt.

Nun wusste Hernando Pizarro sicher, dass sich der Inka in Tambo aufhielt und dort residierte. Von dort fiel er immer wieder in das Feindesland ein und richtete viel Schaden in der Umgebung an. Deshalb beschloss Hernando Pizarro, den Inka zu belagern und suchte dafür die besten Leute und Pferde aus, die sich in der Stadt fanden. Im Ganzen waren es sechzig Reiter und dreißig Peones. Mit diesen Leuten machte er sich auf den Weg und nahm noch eine Anzahl von befreundeten Indios mit. Als sie das freie Gelände erreicht hatten, befahl er Gonzalo Pizarro, dass dieser mit zwanzig Reitern vorstieß um die indianischen Spione zu überfallen, damit er selbst unbemerkt gegen den Inka vorstoßen könne. Gonzalo Pizarro traf auf eine Abteilung von Bogenschützen, kämpfte mit ihnen und schlug sie in die Flucht. Anschließend nahmen sie die Verfolgung auf. An einem Fluss stießen sie auf Befestigungen und blieben so lange stehen, bis acht Peones kamen, alles unverheiratete Männer, und den Fluss überquerten. Die Indios flüchteten in die unwegsame Sierra, wo die Spanier zu Pferde nicht kämpfen konnten.

Dafür nahmen die Peones den Kampf auf; aber da die Indios nur wenige Unberittene vor sich hatten, konnten sie diese sehr schnell überwinden und in die Flucht schlagen. Dann nahmen die Indios die Verfolgung auf und töteten einen von ihnen. Die Reiter, die zu dieser Zeit schon abgestiegen waren, sahen, was geschah und kamen in großer Eile herangeritten, um zu Hilfe zu eilen. Sie verwundeten und töteten viele Indios, und Gonzalo Pizarro war besonders ärgerlich, denn obwohl der Boden den Eindruck erweckte, dass auch langsames Reiten unmöglich schien, schlugen sie die Indios in die Flucht und töteten einen großen Teil. Anschließend erreichte Hernando Pizarro den Ort und schlug ein Feldlager auf. Am anderen Morgen nahm er den Weg nach Tambo. Dieser Weg war zwischen zwei Bergzügen in die Felsen geschlagen worden. Auf der einen Seite befand sich ein sehr großer Fluss und auf der anderen erhob sich einer von den Gebirgszügen. Um die Höhe einnehmen zu können, auf der die Indios ihre Befestigungen und Terassenfelder hatten und die von ihnen verbarrikadiert worden war, befahl Hernando Pizarro einem Hauptmann, mit der Mehrheit der Leute die Indios auf dieser Sierra anzugreifen. Zu diesem Zweck musste er den Weg zwei Leguas hinter ihnen nehmen, weil es sonst keine Aufstiegsmöglichkeit in die Sierra gab. Hernando Pizarro aber nahm mit den verbleibenden Leuten den Weg zum Fluss hinunter, was nicht wenig Anstrengung und Gefahr bedeutete. Aber bald errichteten sie ihr Lager an einem kleinen ebenen Platz.

Weil der Fluss am Abhang der Sierra entlangfloss und sich schlängelte, kam er oft so nah an die Sierra, dass er den Weg abschnitt. So mussten sie ihn fünf- bis sechsmal passieren und jedes Mal eine Furt durchschreiten und dabei ständig kämpfen, ehe sie diesen Platz in der Nähe eines Dorfes erreichten. Das Dorf war umgeben von elf Mauern, eine höher als die andere. Die darin befindlichen indianischen Krieger waren Bogenschützen. Und auf der anderen Seite des Flusses standen die Steinschleuderer. Das bereits erwähnte Dorf lag zwischen den beiden Gebirgszügen und zwischen diesem Dorf und dem Fluss befand sich der ebene Platz, auf dem Hernando Pizarro sich aufhielt. Die steinschleudernden Indios riefen ihnen beleidigende Worte vom jenseitigen Ufer des Flusses zu, die Bogenschützen taten das Gleiche vom Dorf aus und ebenso die Indios auf der gut verbarrikadierten Sierra.

Auf diese Weise kämpften die Indios mit Hernando Pizarro von drei Seiten: die einen von der Sierra, und die anderen von der jenseitigen Flussseite oder vom Dorf aus. Das Dorf befand sich zwischen den beiden Gebirgszügen und das Wasser floss auf der anderen Seite. Und es gab nirgends einen anderen ebenen Platz als den, wo Hernando Pizarro sich befand - alles andere war Sierra oder Wasser, wo sie die Pferde nicht nutzen konnten. Und in der Sierra hatten die Indios ihre Befestigungen errichtet, und alles andere waren Terrassen. Aus diesem Grunde hielt er hier an, um so nahe wie möglich vor ihnen zu stehen. So war es, und die Spanier wagten sich aus Angst vor den Pfeilen nicht, die Mauer zu erreichen.

Als Hernando Pizarro dies bemerkte, sagte er zu einem Alten neben ihm: »Die Burschen wagen sich nicht zu gehen, noch irgend etwas sonst zu tun, also gehen wir Alten, um es zu versuchen.« Und er nahm den weißhaarigen Alten mit sich und er ritt mit der Brust seines Pferdes gegen die Mauern an. Sie töteten zwei Indios mit der Lanze und als sie sich umkehrten, regneten Pfeile auf sie hinab und die Indios verfolgten sie mit Schreien. Hernando Pizarro erkannte deren Stärke, denn selbst wenn er zweitausend Leute gehabt hätte, wären es zu wenige gewesen. Wegen der unwegsamen Sierra und der Überzahl an entschlossenen Feinden sowie dem befestigten Dorf lag der Vorteil auf Seiten des Gegners, so dass man auch mit Hilfe von

Artillerie aufgrund der Stärke der Mauern nur wenig hätte ausrichten können. Der Inka befand sich mit vielen Kriegern in der Nähe und sofort, als er die Spanier kommen sah, befahl er, dass alle eine Flucht fingieren sollten. Durch den Wunsch, in der Verfolgung fortzufahren, hätten sich die Christen vielleicht über das gesamte Gebiet verteilt und man hätte sie leichter überwältigen können.

Hernando Pizarro bemerkte diese List und befahl allen, sich nicht von der Stelle zu rühren. Die Feinde, die merkten, dass ihre List nicht fruchtete, kamen außerhalb der Mauern mit einem gewaltigen Schrei auf sie zu - es klang so als ob die Sierra in sich zusammenfallen würde. Plötzlich erschienen von überallher Männer, so dass man keinen Flecken im Umkreis wahrnehmen konnte, der nicht mit Indios bedeckt gewesen wäre. Als Hernando Pizarro die Kühnheit der Gegner sah, die durch die unebene Landschaft noch besonders verstärkt wurde, lieferte er sich mit ihnen eine solch erbitterte Schlacht, wie sie beide Seiten noch niemals erlebt hatten. Der Inka, der die Entwicklung des Kampfes absehen konnte, befahl, Wasser aus dem Fluss Río de Madre zu schöpfen, um die Bewässerungsgräben zu füllen. Dadurch wollte er erreichen, dass die Pferde nicht auftreten konnten und für den Kampf ausfielen. Hernando Pizarro war sich darüber im Klaren, dass ein weiteres Ausharren an dieser Stelle die schlechteste Lösung war. Auch war es dem anderen Hauptmann noch nicht gelungen, die Höhe zu erreichen und er musste wieder umkehren, weil die Indios von oben Steine herabwarfen. Und weil die Indios sich aufgrund ihrer sicheren Flanken sehr beherzt heranwagten und ihr Mut daraufhin wuchs, erteilte Hernando Pizarro den Befehl, dass Gonzalo Pizarro mit zwanzig Reitern gegen einen Trupp von indianischen Kriegern vorgehen sollte, die eine Furt besetzt hatten. Dort sollten die Spanier hinübergelangen. Gonzalo Pizarro solle diese Furt bis zum Einbruch der Dunkelheit keinesfalls aufgeben. Dieser machte seine Sache sehr gut, er gewann den Fluss zurück und zwang die Indios, sich zurückzuziehen, während er selbst an seinem Platz blieb.

Währenddessen war der Boden sumpfig geworden, so dass die Pferde nicht kämpfen konnten. Die Indios versuchten, was sie nur konnten. Hernando Pizarro ermutigte seine Leute und griff die Feinde an und behauptete sich trotz der Gefahr für alle. Ohne seine Kraft und Besonnenheit wäre es unmöglich gewesen, von dieser Stelle wegzukommen. Als es dunkelte, kam Gonzalo Pizarro, um sich mit ihm zu vereinen. Ihm wurde befohlen, sich mit seinen Leuten an die Spitze zu setzen und schweigend voranzugehen. Nach ihm befahl er dem Fußvolk zu gehen und dann den befreundeten Indios mit dem Gepäck. Einem weiteren Hauptmann befahl er, sich mit vierzehn seiner Reiter in die Mitte des Gepäckzuges zu begeben, und er selbst blieb mit dem Rest in der Nachhut. Er befahl, die Zelte stehen zu lassen, damit die Indios ihren Rückzug nicht bemerkten. Aber als sie abmarschierten, wurden sie bald bemerkt, und die Feinde fielen mit entsetzlichem Kriegsgeschrei über sie her. Dadurch begannen einige Spanier ungeduldig zu werden, um schneller voranzukommen, als es nötig gewesen wäre. Hernando Pizarro wusste, dass in solchen Momenten nur ein geordneter Rückzug erfolgreich ist, so wie in anderen Momenten mutig angegriffen werden musste. Auch wenn man die Feinde schon am Schweif der Pferde hängen hatte, bot er ihnen von Zeit zu Zeit die Stirn, was die Spanier zwang, langsamer zu gehen und von den Pferden abzusitzen. Das brachte sie in große Gefahr, aber er ermutigte die einen und beschämte die anderen, er war ein Schild für alle in der größten Schande, bis die Spanier einige ausgedehnte schlechte Wegstrecken passiert hatten und er mit größter Vorsicht zu ihnen zurückkehrte. Und an den Stellen, wo es eben war, stürzte er sich mit solcher Wucht auf die Feinde, dass mit dem Tod einiger die anderen abgeschreckt wurden. So ging es weiter, bis sie die zweite Furt erreicht hatten, wo die Indios vollkommen von ihnen abließen. Das machte die Spanier so siegestrunken, dass es ihnen schien, die ganze Welt wäre zu klein für ihre Freude. Dem Inka tat es sehr leid, Hernando Pizarro wegziehen zu sehen, weil er noch gestern gedacht hatte, dass kein einziger Spanier würde flüchten können. Und ohne Zweifel hätte angesichts der Stärke der Indios niemand etwas anderes vermutet.

Dieser Kampf war eine große Leistung von Hernando Pizarro; von dort entkommen zu sein, ohne verloren zu haben, war so, als hätte er einen Sieg gegen hunderttausend Krieger errungen. Denn Eure Majestät sollten bedenken, dass in ähnlichen Fällen, wo Pferde nicht am Gefecht teilnehmen konnten, die Einheimischen die Erfolgreicheren sind.

In dieser Nacht kamen sie drei Leguas voran und am anderen Tag erreichten sie eine Stadt, von der Hernando Pizarro wusste, dass sich dort eine große Zahl von Einheimischen befand, weil sie die Stadt schon einmal belagern und einnehmen wollten, da er dachte, es wären nur wenige darin. Als sie sich näherten, gab es heftige Gefechte wie die anderen Male auch, wenn sich die Spanier zeigten. Diesmal befahl Hernando Pizarro, alle Frauen, die sie bei den Verfolgungen erreichten, zu töten, um die Indias in Furcht zu versetzen und sie damit zu hindern, ihren Männern Lebensmittel zu bringen. Und wenn sie es doch weiterhin versuchten, so brachten sie immer weniger Nahrungsmittel mit und das führte bald dazu, dass einige von den Einheimischen starben. Fünf Tage darauf erschienen auf einem Felsen über der Stadt einhundert Indios mit Kriegsgeheul. Hernando Pizarro nahm vier der schnellsten Reiter und stürmte gegen sie, so dass die Indios flohen. Dabei ließen sie auf dem Boden zwei Bündel zurück. Hernando Pizarro und die anderen verfolgten die Indios noch eine Legua weit. Zurück an dem Ort, wo sich vorher die Indios aufgehalten hatten, befahl er, die Bündel in die Stadt zu tragen. Und sie trugen sie mit großer Traurigkeit, wie noch zu zeigen sein wird; denn in diesen Bündeln befanden sich die abgeschlagenen Köpfe von Christen. In seiner Unterkunft angekommen, fand Hernando Pizarro in dem einen Bündel sechs Köpfe, und in dem anderen eine große Menge zerrissener Briefe. Bei diesen fand sich ein noch fast unzerstörter der Königin, unserer Herrin, in welchem sie ihren Leuten in Peru vom Sieg Seiner Majestät gegen Goletta und das Königreich von Tunis, und gegen Barbarossa und die Türken kundtat. Aus den anderen Briefen verlautete, dass der Gouverneur Leute entsendet hatte, um der Stadt Cuzco zu Hilfe zu kommen. Als Hernando Pizarro dieses erfuhr, stürzte er sich auf die Indios, die sie gefangen genommen hatten. Diese mussten ihm berichten, was sie wussten. Und so erfuhr er, dass viele Leute aus Los Reyes gekommen seien, und dass alle von den indianischen Kriegern getötet worden waren. Der Inka hatte zweihundert Köpfe von Christen und einhundertfünfzig Pferdehäute erbeutet. Weiter sagten sie, dass sich der Gouverneur mit allen Leuten, die mit ihm in Los Reyes waren, eingeschifft und das Land verlassen hatte. Als die Spanier diese Nachrichten hörten, befiel sie eine übermächtige Schwermut, die sie apathisch werden und in große Furcht fallen ließ. Hernando Pizarro erkannte, dass es Zeit wurde, sie zu ermutigen und ihnen deutlich zu machen, dass alles zum besten stand. Er befahl ihnen, sich zu versammeln und sprach zu ihnen wie folgt:

»Ich bin voller Bewunderung, hochnoble und verehrte Herren, und voller Überzeugung, dass hier Männer sind, die die Ehre so hoch schätzen, dass sie niemals Feigheit zeigen würden, zu einer Stunde, in der es große Anstrengung kostet, sich selbst zu ermutigen. Und es scheint, dass man mit jeder weiteren Erfahrung deren Wert erkennt, und den Wunsch den Sie haben und schon immer gehabt haben: Unserer Majestät zu dienen. Um so mehr in der ungewissen indischen Angelegenheit, die Sie nicht für eine solche gehalten haben. Und jetzt durch diese Zeichen wissen wir, dass es so ist, und der Toten wegen sollte es uns nicht reuen, weil sie im Auftrage Gottes fielen und zur Verteidigung dieser Reiche. Und zu wissen, dass sich der Gouverneur und die anderen eingeschifft haben, sollte Sie erfreuen, denn der Ruhm wird um so größer sein, wenn er sich auf nur wenige verteilt, denn wenn wir in dieser Stadt bleiben, auf diesem fremden Boden, und arbeiten, um uns zu erhalten, bis Leute aus Spanien kommen und diese Erde der Königskrone unterwerfen, so scheint es mir gewiss, dass wir den Ruhm genießen werden. Und wenn ich sage, dass wir uns einer solch herausragenden Stellung erfreuen werden, halte ich es für gut, dass der Gouverneur, mein Bruder, uns verlassen hat, denn trotz der Verwandtschaft, die uns verbindet, möchte ich nicht, dass er mit mir teilnimmt an diesem Sieg, den ich zu erringen gedenke, indem ich diese Provinzen Seiner Majestät erhalte. Wir haben Nahrungsmittel für mehr als anderthalb Jahre, wir können uns Mais aus dieser Gegend holen und unsere eigene Saat ausbringen. Mit Gottes Hilfe gedenke ich, diese Stadt sechs Jahre lang zu halten und sollte es geschehen, dass uns in dieser Zeit niemand zu Hilfe kommt, so habe ich doch Vertrauen in unseren Mut, der unseren Ruhm noch vergrößern wird.«

Nach diesen kraftvollen Worten stimmten einige der Zuhörer mit Hernando Pizarro überein, andere jedoch waren unzufrieden, weil sie immer noch wollten, dass trotzdem der Befehl gegeben würde, die Stadt zu verlassen. Denn nur so glaubten sie, ihr Leben retten zu können.

Natürlich wissen Eure Majestät, welches der Grund dafür war, dass die Indios diese Köpfe herantrugen. Denn es geschah so, dass der Gouverneur zu Beginn des Krieges von Hernando Pizarro durch Boten der verbündeten Indios darüber unterrichtet worden war, dass der Inka sich erhoben hatte. Das war natürlich ein großer Ungehorsam gegenüber Eurer Majestät. Deshalb entsandte der Gouverneur so schnell es möglich war, Reiter zu Hernando Pizarro, um ihm die besagten Briefe zukommen zu lassen. Die Neuigkeiten, die Franzisco Pizarro aus Cuzco erhalten hatte, hielt er von Anfang an für schlecht und er fürchtete, alles zu verlieren, was er mit so viel Arbeit gewonnen und im Namen Eurer Majestät besiedelt hatte. Deshalb beschloss er, Reiter auf den Weg nach Guaytara zu senden, wie sie diesen Ort nannten. Diese wurden von Hauptmann Gonzalo de Tapia angeführt, seinem Schwager. Und ebenso schickte er einen anderen Hauptmann auf den Weg nach Jauja. Dieser befehligte weniger Leute und sollte in einem Dorf, das die Indios Vilcas nannten, eine Garnison errichten. Denn von dort hätte man berichten können, was in dieser Stadt vor sich ging. Und gleichzeitig konnte man so den Pass schützen, damit alle Spanier, die kamen oder gingen, diesen mit weniger Gefahr passieren konnten. Ebenso hatte er in Panamá bereits dafür gesorgt, dass man ihm von dem Geld, welches er dort hatte, alle verfügbaren Leute schickte. Sogar nach Neuspanien entsendete er einen Hilferuf, und sowohl das eine wie auch das andere war notwendig, so wie die Sache stand.

Die beiden Hauptmänner hatten Los Reyes an einem Tag verlassen. Gonzalo de Tapia war sehr zuversichtlich mit sechzig Reitern aufgebrochen, denn zu dieser Zeit dachte man noch, mit diesen bis nach Chile gelangen zu können, obwohl sich das ganze Land im Kriege befand. Es wurde jedoch ein enttäuschendes Unternehmen für Gonzalo de Tapia und den Gouverneur. Denn als er mit seinen Leuten dabei war, einen großen Fluss zu überqueren, der an dem entvölkerten Ort mit Namen Guaytara vorbeifloss, kamen sie an eine Brücke, an der es eine sehr unwegsame Stelle gab. Am Ufer in Richtung Los Reyes befanden sich einige Indios im Hinterhalt und eine noch viel größere Menge wartete hinter dieser Brücke in den Bergen, wo der Weg entlangführte. Und das ist einer der schlechtesten Pässe in diesem Land. Die Reiter und Träger begannen, den Weg zum Pass hinaufzugehen. Die Indios warteten, bis sie sie in der Mitte der Berge hatten. Und als sie dann von den Spaniern gesehen wurden, erschienen sie aufgrund der Höhe der Berge wie eine unüberschaubare Menge. Sie warfen Steine den Abhang hinunter, die sie schon vorher für diesen Zweck gesammelt hatten. Die Spanier, als sie die schlechte Beschaffenheit des Bodens bemerkten, wo die Pferde ihnen nichts nutzen konnten, wollten sich zur Brücke zurückziehen. Aber als sie dort ankamen, hatten die Indios, die sich am anderen Ufer des Flusses versteckt hatten, diese bereits zerstört. Damit fanden sich die Spanier eingeschlossen zwischen dem Fluss und der Sierra und es behinderte einer den anderen. Der Hauptmann und einzelne seiner Männer kämpften sehr gut, aber was nutzte es ihnen? Die Reiter konnten nichts ausrichten und zu Fuß hatten sie keine Möglichkeit, an die Indios über ihnen heranzukommen. Diese warfen eine so große Menge an Steinen von oben herab, dass keiner der Spanier am Leben blieb. Und so starben sie alle im Kampfe und niemand floh. Nur einige wenige wurden am Leben gelassen, um sie dem Inka als Sklaven zu präsentieren.

Nach den Berichten der Eingeborenen machte sich ihr Anführer nach diesem Sieg über die Spanier auf den Weg nach Jauja, auf die Suche nach Morgovejo, welches der andere spanische Hauptmann war. Dieser war zu diesem Zeitpunkt an einem Dorf angekommen, welches sie Parcos nannten. Dort kamen ihm friedfertige Indios entgegen, was sie als ein gutes Signal deuteten, denn sie trugen den Verdacht mit sich, dass sich auch hier die Einheimischen erhoben hätten. Am Tag nach ihrer Ankunft kam der Yanacona eines Vecino aus Los Reyes, der zu den Leuten des Hauptmannes gehörte. Sein Herr nahm ihn beiseite, so dass die Indios sie nicht sehen konnten. Dieser Yanacona, der als Bote gekommen war, berichtete, dass sich das ganze Land im Aufstand befand. Er wusste, dass der Kazike eines Dorfes, das sie Gamara nannten, fünf Spanier getötet hatte, die nach Cuzco wollten. Auch alle Indios, die diese fünf Spanier begleitet hatten, waren getötet worden. Und die Leute aus Gamara erwarteten nun sie, um sie ebenfalls zu töten. Als der genannte Vecino aus Los Reyes dies vernahm, benachrichtigte er den Hauptmann, der die Neuigkeiten für wahr befand und sich nur mit so wenigen Leuten umgeben wusste. Sogleich befahl er allen Hauptleuten des Dorfes, in dem sie sich gerade aufhielten, und dem Bruder des genannten Kaziken, der auch hier war, sich zu versammeln und ließ sie alle in eine Hütte einsperren. Dann stellte er Nachforschungen an, um herauszufinden, ob es die Wahrheit war, die der Yanacona gesprochen hatte. Und weil diese Indios mit den Aufständischen verbündet waren und somit Verrat geübt hatten, ließ er die dreißig Hauptleute lebendigen Leibes verbrennen. Den Bruder des Kaziken ließ er in Ketten legen. Er entsandte einen Boten nach Jauja, zu dem Hauptmann, der vorgesehen war, mit sechzig Männern jenen Ort weiter unten zu finden, dass er sich mit ihm in Huamanga träfe, was zwei Tagesreisen von hier entfernt lag. Nachdem der Bote abgeschickt worden war, schien es dem Hauptmann, dass diese Strafe reichen sollte, um nach Guamanga zu gehen, das in flacherem Gelände lag, wo er sich mit dem anderen Hauptmann vereinigen wollte. So zog er geordnet ab und nahm den Bruder des Kaziken in Fesseln mit sich. Beim Abstieg von einem hohen Berg hinunter zu einem Fluss, gerieten sie an eine große Mengen von Indios, die sich in einem Hinterhalt verborgen hatten und sich auf die letzten sechs Reiter des Zuges stürzten. Diese konnten sich auf dem Weg weder verteidigen noch angreifen, weil es sehr steil den Abhang hinunter ging. Deshalb verließen sie den Weg und stiegen auf der einen Seite nach oben und verteidigten sich, so gut es ging. Aber was nützte es ihnen? Die Indios schlugen mit solcher Schnelligkeit zu, dass sie einen Spanier und dessen Pferd getötet hatten, ohne dass die anderen helfen konnten. Und weil sie sich nicht mit ihnen messen konnten, sahen diese fünf kein anderes Mittel, als sich vom Weg zu entfernen und sich wieder mit der Vorhut zu vereinen.

Als der Hauptmann und seine Leute, im ganzen vierzehn oder fünfzehn Reiter, das Kampfgeschrei der Indios vernahmen, die gerade die Nachhut angriffen, nahmen sie den Weg auf die Höhe der Sierra. Dort kamen sie an einen sehr schlechten Pass, wo sich bereits Indios postiert hatten, die diesen verteidigten. Die Spanier kämpften mit ihnen, so gut sie es vermochten. Aber es nützte ihnen nichts, da der Weg so eng war und die Indios die Höhe beherrschten und somit auch sie. Der Hauptmann und die, die mit ihm waren, hatten den Eindruck, dass diejenigen von der Nachhut bereits umgekommen waren und weil es unmöglich war, sich zu halten, wenn nicht alle Spanier dazukämen, beschloss der Hauptmann, mit der größtmöglichen Ordnung zum Fluss hinabzusteigen. Nunmehr befand er sich zwischen zwei Flussarmen - er kam nicht von einem zum anderen, weil sich die ganze Schlucht voller indianischer Krieger befand. Zu diesem Zeitpunkt waren die fünf Spanier aus der Nachhut völlig erschöpft mit ihren Pferden zu ihnen gestoßen. Die Indios überquerten den einen Flussarm und versteckten sich in einer Baumgruppe, aus der sie dann überraschend heraustraten, um mit den Spaniern zu kämpfen, die sich nunmehr von allen Seiten eingeschlossen fanden. Auf diese Weise hielten sie sich den ganzen Tag über aufrecht, so kämpferisch, dass sie sich behaupten konnten. Der Hauptmann erkannte, dass es ihr Untergang sein würde, hier die Nacht zu verbringen. Denn weder sie noch die Pferde fanden hier Nahrung. Deshalb befahl er, schon beim Sonnenuntergang den Fluss zu überqueren und auf der anderen Seite in die Ebene zu gelangen. Das konnten sie ohne Gefahr tun, denn die Indios hatten sich auf eine Höhe zurückgezogen, um dort die Nacht zu verbringen. Als sich die Christen versammelt hatten, beratschlagten sie untereinander, was zu tun sei und es wurde beschlossen, sich bei Anbruch der Nacht auf den Weg nach Huamanga zu machen um einen besseren Platz zu finden, wo es etwas zu essen gab. Denn hier hatten sie überhaupt nichts. Zurück zu gehen wurde verweigert, da eintausend Reiter nicht ausreichen würden, um die von Indios besetzte Sierra zu erklimmen. Dies schien allen gut und einen anderen Ausweg wusste keiner. Zwei Stunden der Nacht waren seit ihrem Aufbruch vergangen und sie ließen große Feuer zurück, um den Gegner zu täuschen. Sie kamen voran, ohne bemerkt zu werden und stießen plötzlich auf eintausend Krieger, die in einer Ebene schliefen. Die Indios bemerkten sie erst, als sie von den spanischen Lanzen attackiert und viele von ihnen getötet wurden. Dieser Sieg machte die Spanier sehr zufrieden und es schien ihnen, als wären die Indios abgeschreckt und einiger Selbstsicherheit verlustig gegangen. Die ganze Nacht hindurch gingen sie weiter, sehr langsam, um keinen der gefangenen Indios, die sie mit sich führten, zu verlieren. Eine Stunde, bevor es hell wurde, kamen sie an einen sehr schlechten Pass, welchen zu passieren sie sich aus Furcht vor einem Hinterhalt nicht wagten. Und als es hell wurde, erschienen auf der anderen Seite viele Krieger. Als der Hauptmann dies bemerkte, erkannte er, dass ein Passieren an dieser Stelle unmöglich war und er befürchtete, dass die Indios, die sie hinter sich gelassen hatten, sich noch einfinden könnten. Und er wusste nicht, was zu tun sei.

Jener Indio jedoch, der den Vecino von Los Reyes über den Aufstand informiert hatte, sagte ihm, dass er sie führen würde. Somit könnten sie dort passieren, wo niemand da wäre, um sie daran zu hindern. Der Hauptmann nahm acht Reiter und ließ alle anderen dort, um die Gegner glauben zu machen, dass es alle wären. So verdeckt wie möglich ging er durch eine Schlucht bis zu dem anderen Pass, von dem der Indio gesprochen hatte. Aber dieser stellte sich als so schlecht heraus, dass man nur zu Fuß hinaufgelangen konnte, mit den Pferden am Zügel. Dies jedoch gelang ihnen so gut, dass sie sich, ohne bemerkt zu werden, ganz unerwartet auf die Feinde stürzen konnten.

Sie taten es mit solcher Entschlossenheit, dass einige Indios beim Fliehen hinabstürzten, und die anderen in die Hände der Spanier fielen. Nachdem dies geschehen war, konnten alle den Pass überschreiten. Sie schlugen ein Lager in einer Herberge auf, um hier auf Diego Pizarro zu warten, obwohl sie große Zweifel an seinem Kommen hegten. Hier fanden sie in einer Kammer viele spanische Kleidungsstücke. Einige davon waren blutbefleckt und sie wussten sofort, dass sie von den fünf Christen stammten, die hier gestorben waren. Nachdem die ersten drei Stunden dieses Tages verstrichen waren, kam einer der ihren, den sie postiert hatten, um die Ankunft weiterer Leute zu melden. Er benachrichtigte sie, dass sich von der Seite, von der sie gekommen waren, indianische Krieger näherten. Die Spanier saßen mit großer Eile auf, aber die Pferde waren noch viel zu erschöpft. Bald erscholl ein Schrei und auf den ihnen am nächsten gelegenen Felsen erschien eine gewaltige Menschenmenge. Sie sahen einige Sänften und eine große Menge an Lanzen in deren Umfeld, so dass sie ahnten, es handelte sich um die Garde von Quizu Yupanqui. Dieser war ein Hauptmann des Inka und man wusste bereits, dass er in solchen Sänften zu reisen pflegte. Die Spanier besprachen sich schnell, und einigten sich, dass sie diesen Platz nicht alle verlassen würden, um sich zu schlagen, sondern immer fünf und fünf, damit sie nicht noch ihre Pferde töteten. Die Indios wurden immer mehr und das wurde daran deutlich, dass man nicht einmal mehr den Unterschied zwischen Berg und Tal erkennen konnten. Alle diese Indios hätten einen Weg bedeckt, dessen Entfernung dem Viertel einer Legua entspricht. Als die ersten Spanier umkehrten sahen sie ihren Hauptmann voller Kummer. Denn er musste befürchten, dass die Ankunft von Diego Pizarro wohl ausbleiben würde, weil er sich wahrscheinlich nicht erfolgreich auf seinem Posten halten konnte, denn man sah die Feinde jetzt schon an den Mauern ihres Quartiers. Die Pferde waren so erschöpft, dass man es nicht wagen konnte, mit ihnen in den Kampf zu ziehen. In dieser Gefahr verbrachten sie die Nacht und erwarteten den folgenden Tag ohne Hoffnung auf Hilfe. Die Feinde, die das wussten, begannen mit lauter Stimme zu singen: »Morgen töten wir diese Christen, denn die Pferde sind schon müde und es gibt keinen Weg auf dem sie entfliehen können.« Als das die Dienerinnen der Spanier hörten, denn natürlich verstanden sie, was ihre Landsleute sangen, da schluchzten sie herzzerreißend, denn sie nahmen es als Gewissheit. Der Hauptmann beschloss, in dieser Nacht mit aller Vorsicht und ohne dass sie bemerkt werden dürften, mit allen Leuten nach Vilcas zu gehen. Sie mussten dazu durch ein unbewohntes Dorf, wo man nur über sehr schlechte Wege hingelangen konnte. Wie in der vergangenen Nacht entfachten sie also wieder Feuer und brachen unter größtem Schweigen ihr Lager ab. Und sie nahmen alle Indios und Indias mit, die sie bis hierher begleitet hatten, um sie nicht in die Hände des Feindes fallen zu lassen. Das brauchte aber nicht wenig Kraft, denn damit gingen sie das Wagnis ein, alles zu verlieren. Unter großem Aufwand brachen sie in dieser Nacht in Richtung des entvölkerten Ortes auf, und sie liefen drei Tage lang, ohne auf Widerstand zu treffen. Am vierten Morgen, als sie gerade ihr Nachtlager abbrachen, erschienen indianische Krieger auf den Höhen. In großer Eile bestiegen die Spanier ihre Pferde, aber da sie sich in einem solchen Gelände befanden, wo diese ihnen nichts nutzen konnten, schlugen sie einen anderen Weg ein, auf dem sie eine Ebene erreichten, wo die Feinde von ihnen abließen. Der Weg ging in eine Schlucht hinunter und es schien, als würde er auf der anderen Seite in ein sehr hohes Gebirge führen. Sie fragten den Indio, der sie führte, nach einem anderen Weg. Der aber verneinte. Als der Hauptmann erkannte, dass sich das Unmögliche nicht vermeiden ließ, stiegen sie bis zu einem kleinen Dorf hinab, wo sie lediglich einen einzelnen Indio antrafen. Dieser gestand unter der Folter, dass sie in den Bergen und überall das Land im Aufstand vorfinden würden. Sie wussten kein anderes Mittel, als den Weg in der Nacht weiterzugehen und so kamen sie hinunter an einen Fluss mit sehr schlechten Übergängen. Zur Rechten des Weges, auf den Kämmen der Berge, sahen sie Feuerschein, woran sie erkannten, dass der Indio die Wahrheit gesagt hatte. Weil sie aufgrund der Dunkelheit den

Weg nicht sehen konnten und tastend vorangehen mussten, gerieten sechs Spanier, ohne es zu merken, abseits der übrigen. Da sie nicht wussten, wohin sie gegangen waren, kamen sie in einem Dorf an, wo sich viele indianische Krieger in einer alten Garnison aufhielten und sehr unaufmerksam waren, da diese sich abseits des Weges befand. Die sechs Spanier gingen so vehement gegen sie vor, dass sie ihr großer Mut auch im Zweikampf nicht verließ. Doch dann bemerkten sie plötzlich, dass sie ihren Hauptmann verloren hatten und sich inmitten von feindlichen Kriegern befanden. Sie wussten nicht, was sie nun tun sollten. Einer von ihnen sagte, sie sollten hierbleiben, während er allein den Weg suchen wollte. Trotz der großen Gefahr, in der sie sich alle befanden, stellte er sich doch so geschickt an, dass er den Weg fand und die anderen rief. Diese ließen sich von ihm führen, er ging immer voran und folgte der Spur der Pferde. Doch dann verlor sich diese Spur, weil der Hauptmann mit der restlichen Truppe auf Anraten des Indios, der sie führte, den Königsweg verlassen und einen anderen Pfad benutzt hatte, um ein Dorf zu umgehen, wo sie bereits von indianischen Kriegern erwartet wurden. Dagegen glaubten sie, dass die sechs Spanier, die weiterhin den Weg verfolgten, sich verirrt hatten und sie waren sehr sicher, dass keiner von ihnen den Feinden entkommen könnte, wenn erst der Tag anbräche. Schließlich waren sie nur wenige und einige ihrer Pferde waren verwundet und andere gebrechlich.

Aber es kam anders. Eine halbe Stunde vor Sonnenaufgang sahen der Führer und ein zweiter der sechs Spanier, die beide zu Fuß gingen, um ihre Pferde zu schonen, auf beiden Seiten des Weges indianische Krieger. Die beiden Spanier, Männer, denen nichts unmöglicher schien als eine Flucht, waren eher entschlossen zu sterben als Schwäche zu zeigen. Die Indios hielten inne und die beiden, die Hand am Degen und die Mäntel am Arm, forderten sie auf zu kommen. In dem Moment sahen sie vor sich eine Schwadron von mehr als zweitausend Indios auf dem Weg, alle bewaffnet mit Lanzen und Schilden. Weil sie glaubten, es würde zuviel Zeit kosten, die vier Kameraden zu benachrichtigen, sahen sie keine andere Möglichkeit, als sich auf die Indios zu stürzen. Sie hieben mit solcher Kühnheit nach links und rechts, dass die Indios, entweder weil sie glaubten, sie hätten aufgrund ihrer zahlenmäßigen Überlegenheit leichtes Spiel oder weil Gott es so gewollt hatte, nicht Mann gegen Mann kämpften, sondern alle mit solcher Eile flohen, dass einer über den anderen fiel. Die Spanier brauchten dann nur noch alle, derer sie habhaft werden konnten, niederstechen. Diejenigen Vier, welche hinter diesen beiden zurückgeblieben waren, näherten sich ob des Kampfgeräusches und wunderten sich über alle Maßen.

Als sie dann ihren Weg fortsetzten, gelangten sie in einen sehr großen Ort mit sehr vielen Feuerstätten. Dort war das Lager dieser indianischen Krieger. Sie hielten sich aber nicht auf und gingen weiter, waren sich aber am Ausgang des Dorfs nicht sicher über den Weg. So tasteten sie sich weiter voran, bis sie im Morgengrauen eine Ebene erreichten. Hier waren sie nun: sechs Männer, die nicht wussten, wo sie waren, noch, wohin sie ihre Schritte lenken sollten. Sie sahen einander unschlüssig an und wussten nicht, was nun werden sollte, bis jener Spanier, der in der Nacht den Weg gefunden hatte, sagte: »Hört, es scheint für uns unmöglich zu sterben, andererseits sind wir nur so wenige, so dass wir uns auf keinen Fall verlieren dürfen und das beste Mittel, das wir so nahe am Tode haben, ist, dass wir unser Leben so teuer an diese Ungläubigen verkaufen werden, und wenn wir durch ihre Hände sterben sollten, dann nach einem solchen Scharmützel, dass sie es nicht mehr wagen werden, andere zu bekämpfen.«

Diese Worte nahmen die anderen mit Wohlwollen auf, und somit begannen sie auf der Ebene weiterzugehen. Als sie im Licht der Sonne mehr sehen konnten, nahmen sie eine Schwadron von Leuten wahr mit Pferden und den Lanzen der Spanier. Einige meinten, das wären die indianischen Krieger, die den Hauptmann und die anderen getötet hätten und nun auf deren Pferden ritten, andere vermeinten, den Kapitän und die anderen Kameraden zu erkennen, die sich wunderbarerweise hier befanden. Sie waren völlig durcheinander, aber bald erkannten sie wirklich, dass es sich um Spanier handelte. Die Freude, die sie überkam, war unbeschreiblich. Sie umarmten einander mit solcher Freude als hätte jemand mit der Vereinigung ihr Leben gerettet. Die sechs erzählten dem Hauptmann, was ihnen zugestoßen war. Die ganze Abteilung kehrte sich darauf zum Dorf hin und sie ließen nur vier Reiter zurück. Im Dorf stürzten sich die Indios auf sie, doch da das Gelände des Dorfes flach war, überwältigten sie diese und legten Feuer an das Dorf. So getan, kehrten sie zu den vier Zurückgebliebenen zurück. Als die Indios bemerkten, dass sie sich abwendeten, griffen sie sie von der Seite her an, wodurch die Spanier rasch in Bedrängnis gerieten, aber der Hauptmann, der die Seinen ermutigte, kämpfte mit den Gegnern, so dass sie einige der Indios mit der Lanze töteten. Nach dem erfolgreichen Kampf durchschritten sie an diesem Tag ebenes Gebiet ohne ein Hindernis, bis sie in einen Ort namens Guaila kamen, wo einige Indios ihnen in Frieden entgegenkamen, unter ihnen der Kazike. Dieser sagte, er wäre sehr verärgert über das, was sich zugetragen hatte, denn er sei der Freund der Christen und ein Feind der aufständischen Indios. Der Hauptmann und die anderen freuten sich sehr über diese Worte, denn vor ihnen lagen noch sechs oder sieben Leguas ebener Weg, so dass sie den Kaziken baten, sie bis zum Tal von Lingoana, dem tiefsten der ganzen Sierra, zu begleiten. Der Kazike begann, Entschuldigungen hervorzubringen. Er meinte, es wäre besser, hier in seinem Dorf die Nacht zu verbringen und dann könnten sie die nächste Nacht wieder in der Ebene verbringen. Dem Hauptmann jedoch schien es wenig verlockend, in dem Dorf zu bleiben, so dass er beschloss, aufzubrechen und den Kaziken in sicherer Verwahrung mitzunehmen. Mit dem Vorhaben, die ganze Nacht zu marschieren, brachen sie auf, konnten dies aber nicht erfüllen, denn als sie an einem kleinen Dorf vorbei kamen, gab es große Meinungsverschiedenheiten, ob sie hier nun übernachten oder weiterziehen sollten. Die meisten stimmten dafür, weiterzugehen, aber da zu ähnlichen Gelegenheiten die Mehrheit das Falsche entschieden hatte, übernachteten sie hier, und beim Morgengrauen zogen sie weiter. Eine oder zwei Stunden nach Sonnenaufgang war es, als sie einen Schrei hörten. Einige nahmen ihn als schlechtes Zeichen, andere dachten an fliehende Indios aus den umliegenden Dörfern. Wie sie so weitergingen und noch darüber sprachen, erscholl nicht viel später in ihrem Rücken der Klang von vielen Hörnern zusammen mit einem gewaltigen Schrei aus der Kehle von Kriegern. Es klang so, als ob Berge und Täler sich öffneten.

Als der Hauptmann die Gefahr erkannte, denn der Weg lief zwischen zwei Bergzügen hindurch, wo sie die Pferde nicht würden einsetzen können, wusste er nicht, was zu tun sei. Denn zurückgehen hieße, das Unheil nur zu vergrößern und hier den Feind zu erwarten bedeutete, ohne Pferde zu kämpfen, denn das Terrain war so beschaffen, dass sie bereits zu Fuß gehen mussten. Die Spanier sprachen energisch: »Vorwärts, vorwärts, Herr Hauptmann, wir werden alle umkommen, denn es gibt kein anderes Mittel, was uns retten könnte, wenn wir nicht die Ebene erreichen.« Solcherart gingen sie weiter vorwärts, so wie ein jeder konnte. Der Hauptmann, der ahnte, dass sie auf diesem Wege schnell umkommen sollten, ging mit großen Sorgen. Hinter allen anderen und zu Fuß lief der Kazike, gebunden und von einem Spanier bewacht. Der Kazike ließ sich zur Seite fallen, der Spanier ließ ihn los, und der Kazike, als er sich befreit sah, vereinigte sich mit den Kriegern, die nun alle durch ihn gelenkt wurden. Von nun an bedrängten die Indios die Spanier noch mehr, sie erklommen die Höhe und warfen große Steine herab. Der Weg war so eng, dass sie nicht kämpfen konnten. Der Hauptmann, der sein sehr erschöpftes Pferd vor sich her trieb, nahm das Pferd eines mit ihm befreundeten Spaniers, und als auch dieser ermüdete, saß er noch hinten auf. Zu dieser Zeit hatten sie bereits den Vecino aus der Stadt Los Reyes getötet, denjenigen, welcher sich als Herr desjenigen Indios bezeichnet hatte, der ihm vom Aufstand des Landes berichtet hatte. Als der Hauptmann und der Spanier gemeinsam auf dem Pferd ritten, kam ein großer Stein von oben herab geflogen, der den Hauptmann am Oberschenkel traf und diesen zertrümmerte. Beide Reiter fielen vom Pferd, der Hauptmann und der andere Spanier. Während letzterer sich wieder auf sein Pferd schwang, blieb der Hauptmann am Boden sitzen und schlug die Augen auf zum Himmel, seine Freunde bittend, dass sie ihm zu Hilfe kämen. Aber da die Eile so groß war und der Weg so eng, liefen alle hintereinander. Und selbst die indianischen Krieger liefen auf diesem Weg und aus der Höhe trieben sie sie an und so konnten sie nicht helfen, denn wenn sie auch nur kurz angehalten hätten, dann hätte der Feind dies ausgenutzt, um schneller die Höhen zu besetzen und von dort Steine hinabzuwerfen. So blieb der Hauptmann zurück, und sie töteten ihn. Mit ihm war einer seiner Sklaven geblieben, der lieber mit ihm sterben wollte als ohne ihn zu leben. Und wie man dann von Erzählungen eben dieser Indios erfuhr, kämpfte er und verteidigte sich und seinen Herren, aber am Ende töteten sie ihn und er starb kämpfend. Die Feinde blieben weiterhin siegreich.

Dieser Weg dauerte an bis zu einem sehr schlechten Pass, bei dem sie einen Bach queren mussten, in dem ein Pferd nach dem anderen versank. Und da der Pass sehr eng war und die Feinde ihnen zusetzten, töteten sie weitere vier Spanier. Die Übriggebliebenen konnten den Pass überqueren und gelangten auf einen ebeneren Pfad. Ein Spanier blieb zurück, schon sehr erschöpft, weil er bereits den ganzen Tag zu Fuß gegangen war und sein Pferd am Zügel geführt hatte. Er sah denjenigen, welcher dem Hauptmann sein Pferd gegeben hatte und trotz der vielen Indios wartete er auf ihn und warf ihn hinten auf sein Pferd. Dann brachte er ihn bis zu einer Brücke, wohin auch die Indios schon gelangt waren, die aber nicht hinübergingen. Vier oder fünf der Reiter durchquerten den Fluss, während die übrigen über die Brücke gingen. Von hier ab kamen sie ohne Gefahr über ebenes Gelände bis in die Stadt Los Reyes, wo sie der Gouverneur mit so viel Trauer, wie angebracht war, empfing. Er betrachtete die Gefahr, in der sie sich befunden hatten und die große Gefahr, in der sich ihre Brüder und alle anderen in der Stadt befanden, denn niemand war neu hinzugekommen und dazu noch waren der Hauptmann Gonzalo de Tapia, sein Schwager und Diego Pizarro mit allen seinen Leuten getötet worden. So war die Wahrheit, die sie sehr überraschte: dass die Feinde besagten Diego Pizarro mit allen, die mit ihm waren, beim Überqueren des Flusses Guamanga getötet hatten. Nur einen Spanier ließen sie am Leben, um ihn dem Inka zu präsentieren und Gonzalo de Tapia töteten sie ebenfalls mit allen seinen Leuten, wie ich es weiter oben berichtet habe.

Bald darauf befahl der Gouverneur, dass eine Galeone, die man mit Soldaten der Kriegsflotte nach Chile zum Adelantado Diego de Almagro gesandt hatte, zurückkehren sollte, da es ihm besser schien, dass die Leute dort hülfen, wo es am notwendigsten war. Auch schickte er einen Hauptmann, den man Gaete nannte, mit zwanzig Reitern nach Jauja und mit diesem einen Bruder des Inka, den er zum Herren dieser Länder erhoben hatte. Denn er dachte, es wäre die beste Art und Weise, um diese Eingeborenen zu beschwichtigen und er nahm es als Gewissheit, dass diese Eingeborenen dem neuen Inka folgen würden. Es war ihm sehr klar, dass der Tod der Hauptleute und deren Leuten sehr bedrohlich waren; deshalb ging dieser Hauptmann Gaete in Jauja ein sehr hohes Risiko ein, denn er hatte nur sehr wenige Leute bei sich. Natürlich befürchtete er, dass ihm geschehen könnte, was Franziso de Godoy, dem Vecino aus Los Reyes, mit dreißig Reitern und einigen Leuten Fußvolk widerfahren war: Dieser stieß eine Tagesreise von Jauja entfernt auf einen Bruder des besagten Hauptmanns und eines anderen Spaniers. Er saß mit einem gebrochenen Bein auf einem Lasttier und berichtete ihm, dass sein Bruder, der Hauptmann, und die anderen Spanier mit ihm, getötet worden waren, weil eben im Morgengrauen dieses selben Tages vierzigtausend indianische Krieger vor ihnen aufgetaucht waren und sich von allen Seiten genähert hatten. Und dass sie beide sich wunderbarerweise hatten flüchten können. Als der Hauptmann Godoy diesen Schaden betrachtete, wurde ihm klar, dass es mit den wenigen Leuten, die er um sich hatte, kaum möglich wäre, sich zu halten. Denn diese Männer waren gerade erst aus Spanien gekommen und besaßen noch keine Kampferfahrung. Da die Indios schon genug mit Getöteten gefüttert waren, beschloss er mit Zustimmung aller, nach Los Reyes zurückzukehren. Auch kamen die Indios schon wieder sehr wagemutig heran, so dass es notwendig war, noch mehr Leute zu sammeln, um sie bestrafen zu können. Zurück in Los Reyes, trafen sie den Gouverneur voller Gram über den schlechten Ausgang des Unternehmens, denn nun waren schon vier Hauptleute und fast zweihundert Leute sowie viele Pferde tot.

So nahm er es als Gewissheit, dass sich diese Stadt Cuzco in sehr großer Gefahr befand oder sogar verloren werden könnte. Vielleicht waren seine

Brüder und alle die sich mit ihnen in dieser Stadt befunden hatten bereits tot. Deshalb und wegen der wenigen Leute, die er noch zur Verfügung hatte, wurde er sehr bekümmerte und fürchtete, dieses gesamte Land zu verlieren. Nunmehr verging kein Tag, an dem er nicht die Nachricht erhielt: »Jener Kazike hat sich erhoben«, »Da und dort sind Christen umgekommen, die auf Nahrungssuche waren«. Außerdem hatte Alonso de Alvarado schon große Verspätung. Er hatte nach ihm in die Provinz Chachapoyas geschickt, wo er der Anführer der Leute geworden war, die diese Provinz erobert hatten.

So standen die Dinge und alle waren gerüstet für das, was geschehen würde, als Indios aus der Umgebung von Los Reyes in der Stadt erschienen und klagten, dass aufständische Indios in großer Zahl aus der Sierra herunterkämen, alles zerstörten und ihre Frauen und Kinder töteten. Der Gouverneur befahl Pedro de Lerma, mit zwanzig Reitern aufzubrechen. Er sollte nur drei Leguas weit in die Ebene, um in Erfahrung zu bringen, was sich auf dem Lande ereignete. Dieser brach zu Beginn der Nacht auf und traf zwei Leguas von der Stadt entfernt auf etwa fünfzigtausend Indios, die am nächsten Morgen gegen die Stadt vorgehen wollten. Er blieb ruhig und befahl allen Gehorsam, die Indios verhielten sich ebenfalls ruhig und dachten über ihren Angriff nach. Die Spanier aber zogen sich Schritt für Schritt in die Stadt zurück, nicht ohne manchmal umzukehren und noch viele von den Indios zu töten. Sie benachrichtigten als erstes den Gouverneur über die angriffsbereite Menge vor der Stadt und als sich die Indios der Stadt näherten, schickte er frische Leute hinaus und sie töteten viele der Angreifer. Die Indios postierten sich auf einigen Felsen und auf dem höchsten befand sich Quizu Yupanqui, der Generalkapitän dieser Armee, mit seinen Hauptleuten. Die Spanier griffen den niedrigsten Felsen an, wo zwei von ihnen vom Pferd fielen; den einen töteten die Indios, der andere konnte sich mehr durch ein Wunder denn durch eigene Kräfte retten. Als der Gouverneur von der Stadt aus diese Menschenmenge sah, glaubte er ohne jeglichen Zweifel, dass dort schon alle Spanier umgekommen waren. Aber die Spanier kämpften weiter und töteten viele, vor allem, als die Feinde beschlossen, sich der Stadt zu nähern. Die Reiter legten sich bei schon zerstörten Gebäuden in den Hinterhalt und nach einiger Zeit kamen sie hervor und töteten eine große Anzahl Indios, bis diese sich auf einige Felsen flüchteten. Den Gouverneur wollten sie auf keinen Fall an diesem Tag zum Kampf hinausziehen lassen, aber er war mit zwanzig Reitern zur Stelle, um bei Notwendigkeit zu helfen. In dieser Nacht stellten sie viele Wachen auf, und die Reiter umrundeten ständig die Stadt.

Am anderen Morgen erschienen die Indios noch näher, und zwar auf einer Hochebene, die von ihnen bedeckt war, so dass erst einmal nichts zu unterscheiden war. Etwas später sah man sie ein Holzkreuz zerschlagen, was auf der Höhe errichtet gewesen war, und zwar auf der Seite, wo der Weg zum Meer und zum Hafen ging. Auf einem etwas weiter entfernten Berg erschien eine große Menge von Leuten, alle aus der Provinz von Atavillos. Auf diesen Bergen kämpften die Feinde sehr um ihr Leben, wenn sich eine Schwadron erschöpft zurückzog, folgte sofort die nächste. In der Stadt befanden sich einige verbündete Indios, die den Spaniern den Rücken frei hielten und sehr gut kämpften. Das war der Grund, dass sie die Pferde schonen konnten. Einige der Indios, die man lebend gefangen genommen hatte, unterzog man einer grausamen Folter, um Neuigkeiten zu erfahren. Der Gouverneur wollte wissen, was die Indios mit der Stadt vorhatten. Doch die einen sagten dies, die anderen das und nie stimmten sie überein, denn solcherart hatten ihre Anführer sie vorbereitet. Als der Gouverneur sah, wie nahe die Indios der Stadt schon gekommen waren, versuchte er, sie einzukreisen, aber es gab wenig Aussicht auf Erfolg. Andere meinten, es wäre besser, in der Nacht loszuschlagen und ihnen die Höhen abzunehmen, aber das schien ihnen sehr schwierig, denn sie waren nur wenige und die Indios so viele, außerdem befanden sie sich in sehr unwegsamem Gelände. Aber am Ende entschied der Gouverneur, dass dies das beste sein werde, denn nachts sind die Indios sehr feige. So vergingen fünf Tage, in denen sie die Schilde reparierten, aber es schien ihnen dann unmöglich, sie zu tragen.

Sechs Tage befanden sich die Indios nun schon über der Stadt, als ihr General Quizu Yupanqui sich entschloss, sie einzunehmen und zu betreten oder zu sterben. So sprach er erst zu allen seinen Leuten das folgende: »Ich will heute in diese Stadt und alle Spanier töten, die sich darin befinden, laßt uns ihre Frauen nehmen, mit denen wir uns verheiraten und eine starke Generation für den Krieg zeugen werden. Diejenigen, welche mit mir gehen, sollen dies unter den folgenden Bedingungen tun: wenn ich sterben sollte, werden alle sterben und wenn ich fliehe, dann alle mit mir.« Die Hauptleute unter ihnen gelobten, so zu verfahren, und so bewegte sich das ganze Heer unter einer Unmengen an Fahnen, so dass die Spanier von ihrem Vorhaben in Kenntnis waren. Der Gouverneur befahl allen Reitern, zwei Gruppen zu bilden. Er selbst befehligte die eine, die sich an einer Straße in einen Hinterhalt legte, die andere wurde von einem Hauptmann angeführt. Die Feinde hatten unterdessen schon das Flussbett erreicht. Sie waren alle kräftige, auserwählte Männer: der General marschierte mit einer Lanze voran, er überquerte in seiner Sänfte beide Flussarme. So begannen sie, die Straßen zu betreten, einige seiner Männer erklommen bereits die Stadtmauern, als sich die Reiter auf sie stürzten und so entschlossen gegen sie vorgingen, dass sie aufgrund dessen, dass sie auf ebenem Gelände kämpfen konnten, die Indios auf einer Stelle vernichtend schlugen und den General töteten und mit ihm vierzig seiner Hauptleute.

Es schien bald so, als wären diese dafür ausgesucht worden, denn diese Vorhut stieß als erstes mit den Spaniern zusammen, die zwischen die Indios fuhren und sie bis zum Fuß der Berge zurücktrieben, wo sie erbitterten Widerstand leisteten. Als die Spanier bemerkten, dass Quizu Yupanqui getötet ward, teilten sie dies in großer Freude dem Gouverneur mit, der sich nicht wenig darüber freute, denn er hoffte, die Indios müssten ab jetzt weniger Stolz zeigen. Die Indios hielten ihre Sache für verloren. Als sie sahen, wie wenige die Spanier nur waren, fühlten sie sich so ohnmächtig und unternahmen keinen Schritt weiter mehr zum Kampfe. Als der Gouverneur ihre Schwäche erkannte, befahl er, dass in der nächsten Nacht auf dem Gipfel ein neues Kreuz errichtet werde als Ersatz für das von den Indios zerstörte, und er wählte dafür die erfahrensten Männer aus.

So gut hatte es Gott mit ihnen gemeint, dass alle zum Gottesdienst gingen. In der Nacht, in der sie das Kreuz errichten wollten, kamen befreundete Indios und berichteten von der Flucht aller feindlichen Krieger. Als der Gouverneur dies erfuhr, befahl er, dass ihnen sofort einige Reiter folgen sollten. Sie fanden jedoch nicht den Weg, den die Indios gegangen waren. Diese hatten den Weg durch die Sierra genommen, um sich zu retten. So konnten die Spanier ungestört das Vorhaben des Gouverneurs erfüllen und das Kreuz an der Stelle errichten, an der es vorher gestanden hatte. Nachdem dies getan war, fühlte sich der Gouverneur jedoch noch voller Kummer. Hatte er doch keine Zuversicht, was aus dieser Stadt werden sollte. Auch wenn die Indios abgezogen waren, so blieben doch nur wenige Spanier in der Stadt.

Alonso de Alvarado erreichte die Stadt einige Tage, nachdem die Indios sie umzingelt hatten, mit dreißig Reitern und fünfzig Fußleuten, unter denen sich einige Armbrustschützen befanden. Und ebenso kam Gonzalo de Olmos, der Hauptmann und Stellvertreter des Gouverneurs, von Puerto Viejo mit hundertfünfzig Fußleuten und Reitern, die er an der Küste ausgewählt und nach Los Reyes zum Schutz von Cuzco mitgebracht hatte. Diese Leute waren im Krieg mit den Indios bereits erfahren. Gonzalo de Olmos war freiwillig mit diesen Männern gezogen, aber der Gouverneur wollte ihm nicht gestatten, zu bleiben und übertrug den Befehl über seine Leute an Alonso de Alvarado. Er wollte nicht, dass ersterer die Provinz von Puerto Viejo verließ und sich die Leute dieser Provinz in seiner Abwesenheit erhoben, so dass ebendieser Gonzalo de Olmos von Los Reyes umkehrte und alle mitgebrachten Männer da ließ, damit sie mit Alonso de Alvarado Cuzco zu Hilfe eilen konnten. Der Gouverneur freute sich sehr über die Ankunft der Verstärkung und befahl Alonso de Alvarado, dass er sich rüste um nach Cuzco zu gehen, um in Erfahrung zu bringen, was mit seinen Brüdern und den anderen geschehen war. Dazu war die Unterstützung vieler Reiter und Waffen notwendig, weshalb der Gouverneur alles zur Verfügung stellte, was er hatte. Und er nahm von einigen Vecinos geliehenes Geld und wagte es sich sogar, von den Finanzen Eurer Majestät zu nehmen, er nahm von Eurem Fünftel eine gewisse Menge an Gold, mit der er die Leute in Ordnung brachte.

Pedro de Lerma schmähte ihn deshalb sehr, denn der Gouverneur hatte ihm sein Wort gegeben, ihn mit dieser Hilfe auf den Weg nach Cuzco zu schicken, während der Gouverneur entgegnete, er hätte ihm nur gesagt, dass Alonso de Alvarado schlecht ausgerüstet erschienen wäre und somit nicht in der Lage, Unterstützung zu leisten. Aber Alonso de Alvarado tat sich groß mit den Leuten, die er in diese Stadt schicken könne, es waren fünfzig Reiter und hundertfünfzig zu Fuß, unter denen sich vierzig Armbrustschützen befanden. Als der Gouverneur die Männer betrachtete, schien es ihm, als würden sie nicht ausreichen und er fürchtete auch, dass Cuzco verloren sein könnte. Nach vielen Zweifeln darüber beschloss er, dass Alonso de Alvarado sich mit allen Leuten in die Provinz Jauja begebe und den Tod der Spanier bestrafe, die dort umgekommen waren. Auf keinen Fall sollte er weitergehen, bevor er ihm nicht mehr Männer gesendet hätte. Anfang April 1537 brach er von Los Reyes auf. Fünf Leguas von der Stadt entfernt gab es einen Zusammenstoß mit indianischen Kriegern, die sie auf einem sehr hohen Felsen erwarteten. Er schlug sie in die Flucht und tötete viele von ihnen. So konnten sie ungefährdet ihren Zufluchtsort erreichen, denn aus Wassermangel waren schon einige Indios an Durst gestorben und die Spanier litten große Not. Von hier gingen sie nach Jauja und niemand stellte sich ihnen in den Weg, weil die Leute aus der Garnison, die in dem Dorf gewesen waren, geflohen waren und noch die Brücke abgebrannt hatten. So gingen sie einige Tage hierhin und dorthin und vernahmen einige Indios unter der Folter, um in Erfahrung zu bringen, ob die Stadt verloren sei. Einige sagten, dass die Christen lebten und umzingelt waren von Aufständischen; andere sagten, die Spanier hätten die Stadt verlassen und befänden sich auf einer Ebene, wo sie sich zu verteidigen suchten; und da es so viele Meinungen gab, schenkten sie ihnen keinen Glauben. So warteten sie einige Tage auf Nachricht vom Gouverneur, um zu erfahren, was er ihnen weiterhin zu tun befehle.

Zu dieser Zeit beschloss Hernando Pizarro, dass er Cuzco nicht aufgeben werde, obwohl er die Gewissheit hatte, dass es keine weiteren Spanier mehr in diesem Land geben würde als die, die mit ihm waren. Da es erforderlich war, sich mit Lebensmitteln zu versorgen, entsandte er einen Hauptmann mit den besten Reitern, ungefähr sechzig, mit allen Peones und befreundeten Indios in die Provinz Canches, sie sollten binnen zwanzig Tagen eine größtmögliche Anzahl von Vieh mitbringen. Der Inka glaubte, dass sich alle aus der Stadt fortbegaben und dass sich bei Hernando Pizarro nur noch Verletzte und verstümmelte Pferde befanden. Aus diesem Grunde entsendete er Boten in alle Provinzen, um mitzuteilen, es wäre Zeit, die Spanier endgültig aus diesem Land zu vertreiben, denn Hernando Pizarro sei allein mit Kranken und ohne Pferde, und alle sollten sich so schnell wie möglich vereinen, um ihn zu bekämpfen.

Er entsandte viertausend Indios, um dem Hauptmann, der Proviant holen sollte, den Weg abzuschneiden, denn er sollte der Stadt nicht mehr helfen können. Und auf dem Pass hoben sie tiefe Gruben aus. Am achtzehnten Tag nach dem Auszug des Hauptmanns schickte Hernando Pizarro seinen Bruder Gonzalo Pizarro nach Tambo, wo sich der Inka befand. Er sollte dort einige Indios gefangen nehmen, um in Erfahrung zu bringen, was die Indios taten und was der Inka plane. Er brach noch vor Mitternacht auf und es geschah, dass sich zwei Schwadronen von indianischen Kriegern der Stadt näherten und sie aneinander vorbeigingen, ohne sich zu bemerken. Als es hell wurde, teilte er seine Leute und schickte neun den einen Weg, während er mit den anderen neun einen anderen einschlug. Sie nahmen einige Spione fest, da aber unter ihnen keiner war, der ihre Sprache verstanden hätte, konnten sie nicht mehr in Erfahrung bringen, als dass sich Krieger der Stadt näherten.

Die ersten neun Reiter stießen auf die Abteilung aus Chinchasuyo, die aus viertausend Indios bestand. Da ihre Pferde nach dem langen Marsch müde waren, standen sie kurz davor zu verlieren, denn die Indios attackierten sie mit großer Bestimmtheit und sehr verwegen. So schien es ihnen das Beste, was sie machen konnten, sich bis zur Stadt zurückzuziehen.

Gonzalo Pizarro und seine Leute stießen auf die Garde des Inka, ungefähr fünfzehntausend Männer, besonders auserwählte, strahlende Krieger.

Gonzalo Pizarro wusste, dass es keine günstige Gelegenheit war, gerade auf sie zu stoßen und es kostete ihn viel Kraft, nicht mit ihnen zu kämpfen, denn unter diesen Bedingungen wären sie unterlegen gewesen. Man ließ einen Indio, der bei ihnen war, in die Stadt laufen, und Hernando Pizarro eilte ihnen mit acht Reitern zu Hilfe, denn mehr waren nicht mehr dort, die mit ihm hätten kommen können. Hernando Pizarro kam gerade dazu, wie Gonzalo Pizarro auf der Suche nach den anderen neun Reitern war, als ihn die fünfzehntausend Indios sahen, stießen sie einen gewaltigen Kriegsruf aus. Die viertausend Indios aus Chinchasuyo waren dabei, die neun Reiter, die Gonzalo Pizarro suchte, zwischen sich und die fünfzehntausend zu drängen und so schien es Hernando Pizarro, es wäre der beste Rat zu siegen oder kämpfend zu sterben. Er stieg auf sein Pferd und die mit ihm waren, taten es ihm nach. So griffen sie die Indios an und er tat solche Sachen, die den Wert seiner Person verständlich machen und mit dem, was er tat, half er allen anderen, so dass sich die neun Reiter halten konnten, bis die anderen neun Reiter, die nach ihnen gesucht hatten, bei ihnen waren. Hernando Pizarro mit seinen acht Männern, der seinen Bruder in derartiger Bedrängnis sah, schlug mit solcher Kühnheit in die Reihen der Feinde, so dass diese es nicht mehr erdulden konnten und, ihm den Rücken kehrend, sich im Gebirge erholten, wo sie des unebenen Geländes und der ermüdeten Pferde wegen von ihnen abließen und in die Stadt zurückkehrten. Hernando Pizarro überdachte die Gefahr, in der sie sich befanden, denn er verfügte nur über so wenige Männer und hatte in unmittelbarer Nähe eine so große Zahl von Feinden um sich. Obwohl inzwischen weitere Spanier gekommen waren, machte er sich in dieser Nacht doch viele Sorgen, denn er hatte keine Nachricht von jenem Hauptmann, den er nach Lebensmitteln geschickt hatte. Er fand es sehr unpassend abzuwarten und sich am anderen Tag umzingelt zu sehen. Von den Feinden war der Mangel an Leuten und Pferden nicht unbemerkt geblieben, so dass es ihm als das beste Mittel schien, noch in dieser Nacht die Indios anzugreifen, zumal sich alle wichtigen Führer und die auserwählten Männer des Inka unter den Feinden befanden. So sprach er denn zu Gonzalo Pizarro: »Die Stadt ist in größerer Gefahr als jemals zuvor, denn wir sind ein weiteres Mal umzingelt und haben keine Pferde, um auch nur einen weiteren Tag zu kämpfen. Selbst, wenn wir es könnten, so haben wir doch keine Möglichkeit, den Mais zu ernten, den wir gesät haben, was uns in noch ärgere Bedrängnis brächte. Deshalb lässt es sich nicht vermeiden, noch in dieser Nacht gegen die Vereinigung der Feinde loszuschlagen, trotz der Anstrengung, die Männer und Pferde heute bereits hinter sich haben. Aber wenn wir die Feinde in die Flucht schlagen, diese Ansammlung ihrer wichtigsten Führer, werden alle anderen ihren Mut verlieren. Doch wenn ich dies den anderen Spaniern erzähle, so bin ich gewiss, dass sie mir widersprechen werden, denn sie sind müde. Unternehmen wir es jedoch nicht, dann habe ich die Gewissheit, dass wir verlieren. Deswegen werdet Ihr persönlich alle auffordern, sich zu rüsten, denn wir werden am frühen Morgen aufbrechen.« Gonzalo Pizarro übernahm diese Aufgabe, weil er selbst diesen Plan seines Bruders Hernando Pizarro für sehr gut hielt und er versammelte sechsundzwanzig Reiter, da mehr nicht zur Verfügung standen. Hernando Pizarro führte sie an und befahl, die Stadt auf einem anderen Weg zu verlassen, um sich mehr im Verborgenen bewegen zu können. So gelang es ihnen, sich den Indios unbemerkt zu nähern und sie anzugreifen. Sie trafen genau in dem Moment auf die Gegner, als sie die Sierra verließen, um die Stadt einzuschließen. Gonzalo Pizarro richtete seine zwanzig Reiter auf einer Ebene aus, in der sich eine große Lagune befand, an der sich zwanzigtausend Indios aufhielten. Hernando Pizarro ritt mit den übrigen sechs Reitern zu einer Höhe, die von eintausend Bogenschützen besetzt war, die herunterkamen, um Gonzalo Pizarro in die Zange zu nehmen. Er lieferte sich mit ihnen eine Schlacht, die zu den schönsten gehörte, die man jemals gesehen hatte. Weil er wusste, dass es darum ging, dieses Land zu verlieren oder zu gewinnen, tat er solche ausgezeichneten Dinge, dass man es kaum glauben konnte. Bei seinen Gegenübern handelte es sich um die Bogenschützen und die Garde des Inka, also ausgezeichnete Leute, die ohne Angst kämpften. Sie verwundeten das Pferd von Hernando Pizarro und die Pferde der anderen Reiter mit ihren Pfeilen, aber die Spanier nahmen gute Rache, so dass von den eintausend Bogenschützen einhundert auf der Erde niedergestreckt wurden und die anderen in die Sierra flohen. Es war ein sehr bemerkenswerter Sieg für diese wenigen Reiter, zumal auf erschöpften Pferden. Währenddessen hatte Gonzalo Pizarro die Abteilung angegriffen, die sich an der Lagune aufhielt, und wurde von den Indios umzingelt, denn da sie viele waren und ausgewählte Krieger, verteidigten sie sich sehr gut. Als sie jedoch die Bogenschützen fliehen sahen, verzagten sie so, dass sie ebenfalls flüchteten und die Spanier töteten dreihundert der Fliehenden mit ihren Lanzen und weitere an der Lagune. Gonzalo Pizarro griff sie an und trieb sie in das Wasser der Lagune. Es war eine sehr schöne Jagd, denn sie trieben wie tote Fische auf dem Wasser. Sie setzten die Verfolgung nicht fort, da die Übriggebliebenen in die Berge flohen und die Pferde sich sehr erschöpft zeigten. Mit diesem Sieg kehrten sie noch am gleichen Tag in die Stadt zurück. Auf dem dortigen Hauptplatz trennten sie den rechten Arm von vierhundert gefangenen Indios ab und schickten diese Arme dem Inka. So groß wurde die Furcht, dass die Spanier dies allen antun würden, dass alle Einheiten, die es in dieser Umgebung noch gab, flüchteten und die vierhundert Indios, die den Pass besetzt hatten, um dem Hauptmann auf Nahrungssuche den Weg abzuschneiden, verließen ihren Platz, so dass dieser am nächsten Tag ohne Schwierigkeiten den Pass überwinden konnte. Er führte fünfundzwanzigtausend Schafe und viel Mais mit sich. Von jetzt an gab es für die Spanier mehr Ruhe, wenn auch nicht ohne Schrecken, denn immer in den Neumondnächten gab es Überfälle und Belagerungen, aber da sie dies inzwischen von den Indios kannten, verfolgten sie sie nicht. Hernando Pizarro griff zu einer List. Wenn die Krieger die Belagerung aufhoben, machten er und seine Hauptleute sich auf die Suche nach ihnen. Auf diese Weise hatten sie in dem ganzen Jahr, das der Krieg schon währte, niemals alle zusammen einen Tag Ruhe gehabt. Wenn eine Kompanie ging, kam die nächste. Unter den Indios, die sie gefangen genommen hatten, sagte man, dass der Adelantado Diego de Almagro zurückgekehrt war, so wie es bereits vorher gesagt wurde. Man schenkte dem in gewisser Weise Glauben, denn immer, wenn die indianischen Krieger mit den Spaniern zusammengestoßen waren, pflegten sie diese zu bedrohen, indem sie sagten, dass der Adelantado sehr verärgert kommen würde, denn er wäre ihr Freund und würde sie, die Spanier, alle töten.

Dieses Gerücht ging unter den Indios gut zwei Monate so herum, als der Adelantado tatsächlich kam und mit fünfhundert Spaniern sieben Leguas vor der Stadt stand. Er bekam einen Brief, in dem ihm mitgeteilt wurde, dass für ihn Provisionen Eurer Majestät eingetroffen seien und er ein Lehen von zweihundert Leguas bekäme. Dieses sollte dort anfangen, wo das Lehen des Gouverneurs Franzisco Pizarro nach zweihundert und siebzig Leguas aufhörte. Gezählt ab dem Fluss Santiago, wo es seinen Anfang nahm, reichte es zu einem großen Teil nicht bis an die Stadt, unbeachtet der Differenz der Nord-Süd-Ausdehnung oder der Tagesreisen, die sie unternommen hatten, denn sie zählten es zwischen der Stadt Cuzco mit mehr als zwanzig Leguas von der Grenze des Lehens von Franziso Pizarro. Dieser empfahl dem Adelantado, sehr genau zu beachten, was er geschrieben hatte, bevor sie einen großen Ungehorsam gegen Gott und Ihre Majestät begingen, denn außer dem Schaden, den er mit seiner Umkehr angerichtet hatte, war doch ein Großteil des Nutzens, der aus der Entdeckung dieses Landes hätte erwachsen können, verloren gegangen. Ungeachtet dessen, wieviel besser es wäre, die Ungläubigen zum wahren Glauben zu bekehren, statt Krieg mit den eigenen Landsleuten anzufangen um die Ländereien, die schon längst Ihrer Majestät und der Königlichen Krone unterworfen waren.

Hernando Pizarro mutmaßte, dass die Rückkehr des Adelantado nichts Gutes verhieß, aber da es auch sein konnte, dass er von den Gegnern besiegt worden war, sagte er, ohne auf die anderen zu hören, dass er nicht glauben könne, dass der Adelantado mit schlechten Absichten käme. Andererseits sagte er sich, dass seine Rückkehr unmöglich wäre und um sicher zu sein, schickte er einen Boten zum Inka, um sich insgeheim über die Wahrheit zu informieren. Er schrieb ihm, dass kein Platz sei für weitere Schäden, was vorbei sei, sei vorbei, dass er in Sicherheit nach Cuzco kommen könne und alle Leute mit ihm, und dass er ihm im Namen Ihrer Majestät verzeihe. Ein Indio lief mit diesem Brief los, und als er in Tambo, wo sich der Inka aufhielt, ankam, waren vor ihm schon drei Boten des Adelantado Diego de Almagro eingetroffen. Sie überreichten einen Brief, in dem dieser dem Inka mitteilte, dass er sich in Urcos aufhielt, einem Dorf in der Nähe dieser Stadt und er bat ihn zu kommen, auf dass sie die Ordnung wiederherstellten. Das in der Vergangenheit Geschehene sei verziehen und die Indios sollten Ihrer Majestät gegenüber nicht mehr ungehorsam sein.

Diesen und den folgenden Tag zeigte der Inka den spanischen Boten seine Zufriedenheit und er sagte ihnen, dass sich hier ein von Hernando Pizarro gesandter Indio befände, der ihm einen Brief von diesem gebracht hätte. Es sei beschlossene Sache, diesen Boten zu töten. Jedoch würde man es gut finden, würden sie dies befehlen. Die Spanier sagten, dies wäre gut so und sie sagten es, um ihm zu schmeicheln, denn sie hatten den großen Wunsch, dass der Inka und der Adelantado sich sehen sollten. Die Spanier bereuten es bereits sehr, sich in der Macht des Inka zu befinden, denn als sie ankamen, waren sie durch ein zerstörtes Tor hereingekommen. Mittlerweile war dieses bereits wiederhergestellt und man hatte Wachen davor postiert. Der Inka trat mit seinen Hauptleuten in einen Raum. Dort unterhielten sie sich, was mit den Spaniern zu tun sei. Die einen waren dafür, sie zu töten, die anderen dagegen. Am Ende stimmte man überein, sie gehen zu lassen und auf den Brief des Adelantado zu antworten. Man sagte dies den Spaniern beim Abschied und dass man den Indio von Hernando Pizarro nicht töten wolle, sondern ihm die rechte Hand abschneiden werde. Einer der drei Spanier tat es dann, um ihnen zu Gefallen zu sein. Die Miene des Inka drückte dabei Bedauern aus, denn er hielt es für sehr grausam.

Schließlich gingen sie zurück zum Adelantado Diego de Almagro und der Indio nahm den Weg nach Cuzco und erzählte Hernando Pizarro, was ihm zugestoßen war. Er sagte ihm, dass der Inka seine Hand hatte verbinden lassen und dass es ihn sehr betroffen hatte zu sehen, wie die Spanier ihm die Hand abschnitten. Hernando Pizarro gab ihm solche Decken, wie die Indios sie zu tragen pflegen, und schickte ihn fort. Nun besaß er Gewißheit über die Ankunft des Adelantado und wusste, dass dieser sich bereits so nahe befand ohne an ihn, Hernando Pizarro, geschrieben zu haben. Die Spanier in seiner Begleitung waren verdächtig, sich mit den Indios zu verbünden um gegen Hernando Pizarro und seine Männer zu kämpfen und ihnen die Stadt abzunehmen. Hernando Pizarro war über diese Entwicklung nicht glücklich und befahl einem Hauptmann, dass sich dieser mit einigen Reitern auf den Weg nach Urcos mache um sie über die ganze Wahrheit zu informieren. Auf dem Weg dorthin nahm der Hauptmann einige Indios gefangen, von denen er erfuhr, dass sich sehr viele Reiter auf dem Weg nach Tambo befänden und um ein sicheres Zeugnis dessen zu bekommen, ging er selbst und kreuzte einen Weg, der von vielen Pferden zertreten war.

Mit dieser Neuigkeit schickte er einen Spanier zu Hernando Pizarro, und ließ ihm ausrichten, dass sie nun sicher seien, es handele sich um den Adelantado. Hernando Pizarro war sehr erschrocken darüber, dass dieser ihm nicht geschrieben oder sein Kommen angekündigt hatte. Sicher hatte er vermutet, so viel Glück zu haben, dass Hernando Pizarro von den Indios in die Flucht geschlagen worden wäre und jetzt nur noch sehr wenig Kraft hätte. Auch musste er annehmen, dass der Inka mit ihm korrespondiere, um ihn zu betrügen und ihn zu töten. Darum beschloss er, selbst nach Urcos zu gehen, um zu erfahren, welche Leute dort waren, denn die Indios versicherten ihm, dass sie dort von Kriegern belagert seien. Er kam mit einigen Reitern und Fußvolk in das Tal von Urcos, wo ihn ein Hauptmann erreichte, der mitteilte, sie sollten nicht weitergehen, denn er wäre hier mit einigen Männern und der Adelantado sei zum Inka aufgebrochen, um ihm Frieden zu bringen. Hernando Pizarro antwortete ihm: »Ich bin nicht gekommen, um dem Willen des Adelantado in allem, was zu Diensten unseres Königs ist, zu widersprechen, doch man hat mir erzählt, dass er vor indianischen Kriegern auf der Flucht sei und so kam ich, um ihm zu helfen. Wenn dies nicht die Wahrheit ist, dann erklärt mir Eure Absicht, denn ich möchte nicht Fehl gehen wegen falscher Informationen.« Der Hauptmann antwortete: »Die Absicht des Gouverneurs Diego de Almagro ist es, dieses Land in Besitz zu nehmen, für das ihn Seine Majestät zum Gouverneur gemacht hat.« Als Hernando Pizarro die Absicht des Adelantado vernahm, hielt er dagegen, wie wenig Ruhe ihm selbst während eines ganzen Jahres vergönnt gewesen war und mit wieviel Arbeit und Gefahr er dieses Land verteidigt hatte. Als er die schlimmen Folgen in Betracht zog, die dies haben würde, so schien es ihm sicher, dass der Adelantado mit dem Entschluß gekommen war, sich in Cuzco niederzulassen. Er wusste aber auch, dass der Adelantado über keine Verfügung Eurer Majestät verfügte, die ihm dieses befahl. Denn die Verfügungen, die er besaß, hatte er von Eurer Majestät erbeten, als er in Spanien war, und er hielt es für eine Inkonsequenz, ihm das Land zu übertragen, welches in die Herrschaft seines Bruders gegeben worden war, ohne zuerst das Mandat Ihrer Majestät dafür ausdrücklich zu bekommen. Und da er ein auf seine Ehre bedachter Mann war, fühlte er sich verpflichtet, Nachricht zu geben von dieser Stadt an den, von dem sie ihm übertragen wurde. Er besprach sich mit den Seinen, was zu tun wäre und sie rieten ihm, diesen Hauptmann und dessen Männer festzunehmen, damit sie keinen größeren Schaden anrichteten. Schließlich hätten sie selbst unter hohen Ausgaben ihrer Haciendas und großer Gefahr für ihr Leben dieses Land verteidigt - darüber wollten sie nicht mit einem neuen Gouverneur verhandeln. Hernando Pizarro antwortete ihnen: »Gott erlaubt es nicht, dass ich den Anfang solchen Ungehorsams tue, denn das könnte nicht den Tod von Menschen entschuldigen, ich will nichts weiter als Frieden und bin überzeugt davon, dass der Adelantado mit mir darin übereinstimmt; denn es ist genug mit der Unruhe, die wir bis jetzt hatten.«

Einige Männer sagten zu diesem Zeitpunkt schon voraus, was sich ereignen würde, was sie bereits einmal in dieser Stadt erlebt hatten. Es bereitete ihnen Kummer, Hernando Pizarro so gerecht zu sehen, denn sie wussten deutlich, dass der Adelantado gekommen war, um von Cuzco Besitz zu ergreifen und Gouverneur zu werden. Einige der Vecinos, die bisher treu ihrem Gouverneur gedient hatten, wußten, dass, wenn der Adelantado erst einmal Gouverneur würde, er sie dann um ihre Repartimientos bringen und sehr schlecht behandeln würde. So sagten sie zu Hernando Pizarro: »Da Euer Gnaden sie nicht festnehmen will, so werden wir es tun. Selbst wenn Ihr es nicht hören wollt und nicht könnt, denn wir kennen die Absicht des Adelantado noch vom ersten Mal, als er sich über Cuzco stellen wollte, und jetzt, wo er mit Gewalt kommt, lassen wir ihn nicht gewähren.« Hernando Pizarro antwortete ihnen: »Ich weiß sehr wohl, wie es steht, aber ich möchte nichts unternehmen, was Ihrer Majestät zugetragen werden könnte, als wenn ich als erster Anlass gegeben hätte zu solch schwerem Schaden, und so möchte ich mit ihm Frieden und Eintracht suchen.« Die Nachsicht Hernando Pizarros in diesem Moment sollte man hoch achten, denn wenn er gewollt hätte, hätte er sie alle festnehmen lassen können und der Adelantado wäre geschwächt gewesen. Danach eilte er nach Cuzco mit der Befürchtung, der Adelantado könnte vor ihm angekommen sein und er würde draußen stehen. Deshalb ritt er die ganze Nacht. Bei seiner Ankunft befahl er, die Häuser des Adelantado herzurichten, damit dieser absitzen könne, und ebenso sollten Quartiere für seine Leute bereitgestellt werden.

Der Adelantado Almagro war mit einer großen Anzahl Fußvolk und Reiterei zum Tal des Yukay vorgerückt, was nicht weit von Tambo liegt. Dort wollte er mit dem Inka, der sich versteckt hielt, Friedensverhandlungen führen. Der Inka sandte ihm Geschenke, die seine Krieger den von ihnen getöteten Spaniern abgenommen hatten. Almagro sandte dem Inka einen Hauptmann, um ihm zu zeigen, dass er Frieden wollte. Er ließ ausrichten, dass er der Gouverneur dieses Gebietes sei und dass er den Inka entschädigen würde. Der Inka freute sich über den Hauptmann und behandelte ihn und seinen Pagen gut. Er verstand die spanische Sprache sehr gut und antwortete auf das Ansinnen Almagros, dieser möge zu ihm kommen. Ansonsten würde er dem Adelantado Almagro den Krieg erklären. Daraufhin verließ dieser Yucay. Er hatte aber sehr viel Mühe damit, denn die vielen Indios in seinem Tross waren der Dinge überdrüssig.

Zuvor hatte Hernando Pizarro dem Adelantado durch einen indianischen Boten einen Brief überbringen lassen. Dieser Bote wurde von einigen Reitern begleitet, damit er passieren konnte und nicht auf dem Weg getötet wurde. In dem Brief warnte er Almagro vor den Indios des Inka, versuchte, ihm ihre Gefährlichkeit zu erklären.

Der Adelantado horchte die Spanier aus und einer erzählte ihm ausführlich alles, was er wissen wollte. Er teilte ihm die Anzahl der spanischen Kämpfer in der Stadt mit, nannte auch die Namen einiger Personen. So erfuhr Almagro, welche der Bürger schlecht auf Hernando Pizarro zu sprechen waren.

Weil die Spanier nicht in die Stadt zurück kamen, war Hernando Pizarro sehr besorgt, er glaubte, sie wären von indianischen Kriegern getötet worden. Aber der zurückgekehrte Indio erzählte ihm, dass sie durch den Adelantado festgehalten wurden. Vorsichtshalber befahl Hernando einige Indios auf die Bergspitzen, um Ausschau nach dem Adelantado zu halten. Von dort sahen sie den Aufbruch Almagros und schlugen Alarm.

Hernando Pizarro begab sich mit allen seinen Leuten auf den Weg, den Almagro nahm und eine halbe Legua vor der Stadt trafen sie auf zwei Reiter aus Almagros Truppe und auf die vier gefangenen Boten. Durch sie erhielt Hernando einen Brief des Adelantado Almagro. In diesem kündigte er seine Rückkehr an und dass er versucht hätte, mit dem Inka Frieden zu schließen. Dieser hätte ihn jedoch getäuscht und ihm den Krieg erklärt. Seit zwei Tagen wären sie bereits ohne Essen und ein Pferd seines Hauptmannes Rodrigo Orgoñez wäre dadurch gestorben. Außerdem entschuldigte er sich für die Festnahme der Boten, aber er hätte von ihnen Informationen über die vorangegangenen Kämpfe erhalten wollen. Hernando Pizarro antwortete diesen Leuten, dass er erfahren hätte, dass seine Boten gefangen gehalten würden und dass der Adelantado dies mit festem Vorsatz tun würde. Man vereinbarte, den Weg zu verlassen und an Almagro erging eine Einladung in die Stadt, die Häuser würden ihm und seinen Leuten zur Verfügung stehen. Hernando Pizarro befahl dem Kapitän Ponce de Leon, dem Schatzmeister Riquelme und Gabriel de Rojas sowie dem Lizentiaten Prado in die umstrittene Stadt zurückzukehren. Er wollte dem Inka nicht die Gelegenheit geben, sich zum Herrn über das Land aufzuschwingen, während sie sich außerhalb der Stadt befanden.

In ihrem Gefolge befanden sich die Boten, die kurz zuvor noch bei Almagro gewesen waren. Mitten unter ihnen befand sich einer, der Zwietracht säen sollte, die dann die Ursache für die folgenden Übel wurde.

Die zu Almagro gesandten Boten kehrten noch in der Nacht zurück. Sie brachten die Mitteilung, dass sich Almagro erst nach Cuzco begeben würde, wenn er alle seine Leute aus Urcos herausgeholt hätte, weil sie dort in Gefahr wären. Hernando Pizarro schickte noch in der selben Nacht an Almagro und alle seine Leute Verpflegung. Gleichzeitig forderte er ihn auf, noch in der Nacht nach Cuzco zu kommen, denn er wollte die Leute ermüden. Almagro antwortete auf dieses Angebot ausweichend. Aber am nächsten Morgen stand er mit seiner gesamten Streitmacht in Waffen vor Cuzco.

In der Stadt griff man zu den Waffen, alle liefen auf dem Platz zusammen, um zu sehen, was passieren würde. Almagro nahm den Hauptweg und bewegte sich auf einem befestigten Weg in Richtung Festung, die er passierte, bis er sich auf der Seite von Andasuyo befand, so dass sich beide Parteien Auge in Auge gegenüberstanden. Später stieg er von dort hinab und besetzte den Weg nach Urcos. So hatte er binnen zwei Tagen seine gesamten Truppen bis eine Legua vor die Stadt geführt. Das alles geschah am Montag, dem 18. April eintausendfünfhundertsiebenunddreißig. Hernando Pizarro sandte ihm seine Boten und bekräftigte sein Angebot für ein Quartier in der Stadt. Aber Almagro zeigte seine schäbigen Absichten, indem er ausrichten ließ: »Antwortet Hernando Pizarro, dass ich nur in die Stadt einziehe, wenn ich in die Häuser ziehe, die Hernando jetzt bewohnt.«

Trotzdem sandte ihm Hernando weiterhin seine Boten und ließ ihm ausrichten, dass sich die Indios im Kriegszustand befinden würden und sie sich deshalb nicht gegenseitig bekämpfen dürften. Almagro müsste als Freund in die Stadt zurückkehren. Danach könnte man Boten zu Franzisco Pizarro senden und Abkommen zwischen beiden treffen, um das Land friedlich untereinander aufzuteilen. Doch Almagro antwortete, dass ihm Eure Majestät die Rechte eines Gouverneurs übertragen hätte und er würde in diese, seine Stadt, einmarschieren. Derjenige, der sich ihm entgegenstellen würde, hätte das zu bereuen. Während dieser Diskussion verließen viele Spanier den Ort, um mit ihren Freunden auf der Gegenseite zu sprechen. Es waren einige dabei, die sich verdächtig machten, sie fügten der Idee von Frieden und Verständigung großen Schaden zu. Gerade diese sollten für ihre Verleumdungen eingesperrt werden, denn durch ihr Verhalten kam es zu den Ereignissen, die dieses Land in Gefahr brachten.

Bald darauf schwärmten die Truppen des Adelantado aus. Aber bevor sie die Stadt erreichten, teilten sie sich an der Seite von Condesuyo und schlossen die Stadt ein.

Sie setzten sich einen Steinwurf weit von der Stadt fest. Ihr Hauptmann Rodrigo Orgoñez teilte sie dermaßen auf, dass alle Reiter eine Schwadron bildeten, ebenso die Pikeniere, die Arkebusenschützen, die Armbrustschützen. Während Almagros Leute die Stadt einschlossen, begab sich Hernando Pizarro mit seinen Leuten auf den Hauptplatz. In Reaktion auf die Aufstellung der gegnerischen Truppen teilte er seine Leute in zwei Gruppen auf: die Reiterei stellte er unter das Kommando seines Bruders Gonzalo Pizarro; er selbst stellte sich mit einem Zweihänder bewaffnet an die Spitze der Fußtruppen. Hernando versammelte die Vertreter des Stadtrates und einen Richter, um die Ansprüche der Krone und des Gouverneurs Franzisco Pizarro zu bestätigen. Es wurde festgestellt, dass Eure Majestät ihm die Stadt zur Regierung übergeben hätte. Sie verbrachten diesen und die Hälfte des folgenden Tages damit. Die Verfügungen der Versammlung wurden den Anwesenden präsentiert. Diese Verfügungen machten noch einmal deutlich, dass Eure Majestät dem Gouverneur Don Franzisco Pizarro zweihundert Leguas übergeben hatte, dass diese Herrschaft nicht geteilt werden konnte und dass diese Stadt von Don Franzisco Pizarro erobert und besiedelt worden war und er die Verwaltung dieser Stadt eingerichtet hätte. Das Verlangen des Adelantado wäre ein Skandal. Denn diese Stadt läge genau in den Grenzen des Gebietes, das dem Gouverneur zugesprochen worden war. Ein entsprechendes Schreiben wurde dem Adelantado überbracht.

Dieser widersprach jedoch dem Schreiben, er rief zu den Waffen, um in die Stadt einzumarschieren. Auf der Gegenseite rief Hernando Pizarro zur Verteidigung der Stadt auf. Daraufhin verließen der Schatzmeister Eurer Majestät und der Lizentiat Prado die Stadt, um Frieden zu stiften. Alles, was sie erreichten, war das Hinausschieben der Waffenruhe bis zum Mittwoch Abend. Der Adelantado plante, die Stadt heimlich in der Nacht einzunehmen, während alle schliefen. Hernando Pizarro dagegen glaubte fest an die Waffenruhe. Die halbe Nacht verging ruhig, dann entstand in Almagros Lager große Unruhe. Unter Missachtung der Waffenruhe stürmten Almagros Leute über alle vier Brücken in die Stadt hinein und riefen dabei: »Almagro, Almagro, Tod den Verrätern«. Über die Brücken, die niemand zerstört hatte, gelangten sie schnell auf den Hauptplatz und von dort verteilten sie sich in allen Straßen. Der oberste Befehlshaber Almagros, Orgoñez, drang mit der größten Gruppe in die Gebäude des Gouverneurs Don Franzisco Pizarro vor. Dabei schrien sie immer wieder sehr laut »Almagro, Almagro«. Hernando Pizarro war völlig überrascht. Eilig erhob er sich von seinem Bett, um ebenso wie sein Bruder Gonzalo zu den Waffen zu greifen. Mit einer Lanze und einem Schild eilte er hinaus. Bei ihnen waren etwa fünfzehn Männer. So gut sie konnten, verteidigten sie den Eingang zu ihrem Quartier, während in der gesamten Stadt der Kampf tobte. Orgoñez und seine Leute erreichten das Gebäude, das von Hernando Pizarro verteidigt wurde. Obwohl die Tore sehr groß und die sich verteidigenden Leute viel zu wenige waren, leisteten sie großen Widerstand. Almagros Männer griffen mit starken Kräften an, denn sie wussten, wenn sie Hernando Pizarro fangen würden, wäre der Kampf vorbei. Aber sie konnten ihn nicht überwältigen und so schickte Orgoñez zu Almagro, und bat ihn, Feuer an das Gebäude legen zu dürfen. Der antwortete, wenn sie Hernando nicht überwältigen könnten, sollten sie ihn nur halten, aber bevor der Bote zurück war, fing das Gebäude schon Flammen. Im Feuerschein war alles besser zu sehen, man konnte erkennen, dass in Hernandos Schild sehr viele Pfeile steckten. Während sich bereits die gesamte Stadt in den Händen Almagros befand und alle Bürger ihre Waffen abgegeben hatten, ging im Hof dieses Gebäudes der Kampf weiter. Es war so groß wie eine

Kirche und nach Art der Indios so gebaut, dass es zwei Tore ohne Torflügel besaß. In diesen Toren standen Hernando und sein Bruder Gonzalo, der immer von einem Tor zum anderen wechselte, je nachdem, wo die Gefahr größer war. Er lief wohl etwa fünfzehn Mal hin und her. Bald hatte das Haus an allen Stellen Feuer gefangen und die Flammen erreichten Hernando Pizarro und seine Leute. Sie hatten inzwischen einige verloren und von den ursprünglichen vierzehn Männern, die anfangs bei ihm standen, waren nur noch sieben oder acht übrig. Viele waren verwundet, aber sie zeigten keine Schwäche, obwohl es ihnen schien, als würden sie von zehntausend Gegnern angegriffen. Weil der Rauch und die Hitze immer stärker wurden und sie sahen, dass ihre Zahl sich immer mehr verringerte, sagten sie: »Herr, es wäre besser, ihr würdet Euch gefangen geben, damit ihr nicht mit uns zusammen verbrennt.« Aber Hernando Pizarro widersprach ihnen. Kurz darauf stürzte das gesamte Holz des Gebäudes herunter.

Die vor dem Haus stehenden Männer sahen mit Verwunderung die Beharrlichkeit Hernando Pizarros. Aber als das Gebäude einstürzte, verließ er eilig den Hof und wurde kurz darauf mit Gonzalo Pizarro gefangen genommen.

Die gesamte Nacht bis hin zum Tagesanbruch wurden die Häuser, in denen die Vertrauten des Gouverneurs Don Franzisco Pizarro gewohnt hatten, geplündert. Am Morgen waren alle Freunde des Gouverneurs und die Stadtoberen gefangen genommen worden. Daraufhin ritt ein Diener des Adelantado durch die Stadt. Auf dem Rücken des Pferdes saß ein Ausrufer und verkündete, dass der Gouverneur Diego de Almagro befehle, dass sich alle Bürger der Stadt und alle anderen Personen auf dem Hauptplatz einzufinden hätten, um die königliche Verfügung zu hören.

Alle kamen ohne Waffen, es herrschte völlige Stille, als die Verfügung verlesen wurde. Es waren bereits zwei Stunden vergangen, als aufgrund dieser Feierlichkeiten einige Ratsherren freigelassen wurden. Almagro versammelte sie in der Hauptkirche, um ihnen den Eid abzunehmen. Im Anschluss wurden Hernando und Gonzalo Pizarro in das Haus der Sonne gebracht, wo sie von dreihundert Männern unter dem Befehl eines Hauptmanns bewacht wurden. Niemand durfte mit ihnen sprechen.

Der Inka wartete mit seiner Armee weiterhin in Tambo. Er glaubte, wenn sich die beiden spanischen Parteien gegenseitig bekämpften, könnte er die übrig Gebliebenen töten und sich zum Herrn über die Region ernennen. Der Adelantado sandte dem Inka einen Boten und teilte ihm mit, dass er unbesorgt nach Cuzco kommen könnte, denn Almagro wäre der Gouverneur und hätte alle seine Gegner gefangen genommen. Darauf antwortete ihm der Inka, er würde sich um Hernando Pizarro sorgen und Almagro solle diesen gut behandeln. In die Verhandlungen zwischen Almagro und dem Inka schaltete sich dessen Bruder Paullu ein. Insgeheim schickte Paullu dem Inka Briefe und behauptete, dass die Spanier den Inka verbrennen wollten. Dadurch versuchte er die Ankunft des Inka in Cuzco zu verhindern, um selbst Inka zu werden. Der Adelantado schrieb dem Inka Briefe, die dieser beantwortete, wobei er erläuterte, warum er keinen Frieden geben wollte.

In den folgenden acht Tagen wurden große Anstrengungen unternommen, alle Informationen über die Personen zusammenzutragen, die Hernando Pizarro nahe standen. Hernando Pizarro selbst wurde mit dicken Fußfesseln und in Ketten in den erwähnten Gebäuden gefangen gehalten.

Wir haben bereits beschrieben, wie der Hauptmann Alonso de Alvarado nach Jauja kam, um auf die Leute des Gouverneurs zu warten. Er befürchtete, dass bereits alle tot wären. So wartete er viele Tage in Jauja, schickte Briefe nach Los Reyes, die aber nicht dort ankamen, weil sie von den Indios, die alle Wege gesperrt hatten, abgefangen wurden. Weil der Gouverneur ihm befohlen hatte, nichts ohne seine Anweisung zu unternehmen, geriet er in Bedrängnis. Einige gute Freunde Hernando Pizarros drängten ihn, nach Cuzco weiter zu marschieren. Alvarado wollte jedoch auf die Anweisungen des Gouverneurs warten. Er wurde aufgefordert, unverzüglich nach Cuzco aufzubrechen, um dort Unterstützung zu bringen. Durch sein abwartendes Verhalten zog sich Alvarado den Unmut Pedro de Lermas zu. Daraufhin ließ Alvarado diesen und einige seiner Anhänger verhaften; er wollte sie zum Gouverneur schicken, um ihnen dort den Prozess machen zu lassen. Das hatte jedoch keinen Einfluss auf die Stimmung, denn die Absichten Pedro de Lermas waren eigentlich gut.

Als Alvarado sah, dass keine Botschaft des Gouverneurs zu erwarten war, entschloss er sich, einen Brief mit einigen Reitern und Fußvolk nach Los Reyes zu senden, um dem Gouverneur zu erläutern, was geschehen war. Dann wandte er sich in einem Strafzug gegen einen Kaziken, der den Spaniern den Krieg erklärt hatte. Einen Monat nach dem Versenden des Briefes erhielt er Antwort vom Gouverneur. Der Überbringer des Briefes war der Hauptmann Gomez de Tordoya. Dieser brachte eine große Zahl von Leuten mit, die aus Kastilien und Neu-Spanien gekommen waren. Alvarado wollte ihn in dem Ort Guadacheri erwarten. Dort gab es einen engen Pass, der gefährlich werden konnte, wenn die Indios ihn besetzten. In der Nähe befand sich das Lager einer indianischen Kampfabteilung. Diese zog sich aus Furcht, zwischen die spanischen Truppen zu geraten, zurück. So trafen die beiden spanischen Gruppen ohne Zwischenfälle aufeinander und zogen gemeinsam nach Jauja. Von dort wollten sie sofort nach Cuzco weiterziehen, denn diese Anweisung überbrachte der Hauptmann an Alvarado.

Als Alvarado in Jauja eintraf, versammelte er sofort alle Leute. Es gab viele Diskussionen, denn es fehlte ihnen an Indios, die ihnen die Verpflegung besorgten. Viele verlangten, noch Indios zusammenzuholen, um genügend Träger zur Verfügung zu haben. Dadurch verging noch beinahe ein ganzer Monat, bis genügend indianische Träger bereit standen. Dann verließen sie Jauja mit zweihundert Reitern und dreihundert Pikenieren, Arkebusieren und Armbrustschützen, alles in allem fünfhundert Mann. Alonso de Alvarado war der Generaloberst. Auf ihrem Marsch stießen sie auf keinerlei Widerstand, bis sie an einen Fluss kamen, über den eine Steinbrücke führte. Dort wurden sie von einer Kampftruppe des Inka erwartet. Kurz vor dem Morgengrauen wateten sie durch den Fluss und töteten viele Gegner oder nahmen sie gefangen. Die Festgenommenen wurden über die Situation in Cuzco ausgefragt, aber sie gaben viel Widersprüchliches von sich.

Bald darauf kamen sie nach Andaguailas, das dreißig Leguas von Cuzco entfernt war. Von dort sandte Alvarado eine Botschaft an Hernando Pizarro. Er teilte ihm mit, dass ihn die Indios unterrichtet hätten, dass Hernando noch am Leben sei. Er selbst würde sich beeilen, ihm zu Hilfe zu kommen. Außerdem wüsste er, ebenfalls von den Indios, dass sich der Inka in Tambo aufhalten würde. Die Boten wurden jedoch an der Brücke von Apurima von Leuten des Adelantado überrascht, die die Briefe an sich nahmen und zum Adelantado brachten.

Alvarado zog indessen weiter bis Cochacaja. Dieser Ort lag nur noch zweiundzwanzig Leguas von Cuzco entfernt. Dort berichteten ihm die Indios, dass es in Richtung des Flusses Abancay einen steilen und sehr zerklüfteten Abstieg gäbe. Alvarado schickte daraufhin Pedro de Lerma mit Reitern und Fußvolk dorthin, um das Gelände zu erkunden. Diese kamen an eine Brücke aus Stricken, auf der sie den Fluss überquerten. Dort trafen sie auf einen Bauern, der ihnen berichtete, dass der Adelantado in Cuzco einmarschiert wäre. Diese Nachricht verstörte sie sehr.

Pedro de Lerma sandte den Bauern mit einigen Reitern zu Alvarado und informierte ihn, dass er die Nacht an der Brücke verbringen würde. Die

Neuigkeiten, die der Bauer überbrachte, stürzten alle in tiefe Verzweiflung. Die einen wollten weitermarschieren, wieder andere wollten an diesem Ort abwarten und andere wollten zum Gouverneur schicken, um ihn zu fragen, was nun geschehen sollte. Am Morgen des nächsten Tages schickte Alvarado nach Pedro de Lerma, um ihn und seine Leute nach ihrer Meinung zu fragen.

Aufgrund der Briefe an Hernando Pizarro, die seine Leute abgefangen hatten, wusste der Adelantado von den herannahenden Truppen. So entschloss er sich, einen Antwortbrief zu schreiben, in dem er die Unterschrift Hernando Pizarros fälschte. In dem Brief schrieb er, dass alles zum besten stehen würde und sie sich nicht beeilen müssten, im Gegenteil, sie sollten vorsichtig sein, um nicht auf den Inka zu treffen. Dieser würde zwei Teile des Gebietes kontrollieren. Die Gegend, wo der Weg nach Tambo führte und die Seite, auf der sich der Hauptweg befand, auf dem Alvarados Truppen gerade marschierten. Anschließend schrieben sie einen weiteren Brief, in dem sie Alvarado glauben machten, Hernando Pizarro hielte es für besser, dass sich die Truppen vereinigen würden, um gemeinsam stärker zu sein. Mit dieser List strebten sie folgendes an: Orgoñez sollte sich mit allen Leuten zu den Quartieren am Apurimac begeben, wo eine Schlucht auf die Straße nach Los Reyes führte. Und von dort zu den genannten Quartieren gab es einen engen, befestigten Weg, der nur einen Eingang besaß, den nur ein oder zwei Reiter gleichzeitig passieren konnten. Aber weil Alonso de Alvarado bereits über die Vorgänge Bescheid wusste, war er doch sehr vorsichtig und gab in seiner Antwort zu verstehen, dass er wüsste, in welcher Situation er sich befand.

Als der Adelantado sah, dass seine List nichts einbrachte, schickte er Diego de Alvarado mit Gomez de Alvarado und anderen Vertrauten zu Alonso de Alvarado, um für sich sprechen zu lassen. Zu diesem Zeitpunkt war die Brücke bereits bewacht; die Wachen wurden von Hauptmann Cristobal de Villalva befehligt. Dessen Vater war der Oberst Villalva. Als die genannten Botschafter die Brücke erreichten, erschien auch Alonso de Alvarado dort, um sich von der Wachsamkeit seiner Leute zu überzeugen. So nahm er die Boten gleich mit sich. Diese unterhielten sich mit Männern, die sie bereits kannten. Einige, die Freunde des Gouverneurs Pizarro waren, machten Alonso de Alvarado darauf aufmerksam, dass es dem Gouverneur sehr genehm sein würde, wenn er diese Boten festnehmen würde.

Alvarado sprach zu den Boten mit großer Zurückhaltung, erzählte ihnen, dass er im Dienst Eurer Majestät stehen würde und dass zwischen den

Gouverneuren Frieden herrschen sollte. Er hätte die Gewalt übertragen bekommen, würde jedoch Gnade walten lassen. Den Boten wurden die Waffen abgenommen und unter Bewachung brachte man sie in ein Zelt. Sie durften dort mit niemandem sprechen.

Zu diesem Zeitpunkt erreichte der Adelantado mit seiner gesamten Streitmacht die Brücke. Es waren genug Leute, um diese zu sperren. Er wusste, dass Alvarado sehr nahe war und ließ trotzdem die Gefangenen Hernando und Gonzalo Pizarro in Cuzco zurück. Dreißig Reiter wurden zur Bewachung einer Furt abkommandiert, ebenso ließ er nach weiteren Stellen Ausschau halten, an denen eventuell ein Spanier den Fluss hätte überqueren können. Der Adelantado kam an die Brücke und ließ seine Streitmacht an der Seite des Flusses Aufstellung nehmen. Er forderte die Männer an der Brücke auf, den Weg freizumachen, denn er wäre der Gouverneur. Aber die Männer antworteten ihm, sie würden nicht gegen den Befehl ihres Generalobersten handeln. Die von Paullu befehligten indianischen Truppen patrouillierten auf ihrer Seite ständig flussaufwärts und flussabwärts. Dabei entdeckten sie dreißig Reiter, die anscheinend auf Cuzco zu marschierten. Sie beeilten sich, diese Neuigkeit dem Adelantado zu überbringen. Dieser sandte sofort einen Boten mit einer Nachricht für den dort zurückgebliebenen Leutnant nach Cuzco. Er befahl ihm, falls Spanier des Alonso de Alvarado nach Cuzco gelangten, solle er Hernando Pizarro den Kopf abschlagen. Er selbst brach mit der gesamten Truppe auf, um in die Stadt zurückzumarschieren. Orgoñez kam zwei Tage später mit der Nachhut zurück.

Ein Bürger der Stadt Cuzco, namens Castañeda, war sehr eingeschüchtert, denn er war derjenige, der Alonso de Alvarado Bescheid gegeben hatte. Er fürchtete, bestraft zu werden, weil schon Nachforschungen angestellt wurden. Deshalb flüchtete er eines Nachts um Mitternacht und nahm zehn- oder zwölftausend Castellaños mit sich. Die anderen Bewohner seines Hauses benachrichtigten den Adelantado und dieser schickte nach Paullu, der mit der größtmöglichen Schnelligkeit eine große Abteilung seiner Indios auf den Weg schickte, um den Flüchtling zu suchen. Almagro wollte ihn tot oder lebendig. Zwölf Leguas von der Stadt entfernt erreichten sie ihn und wollten ihn gefangen nehmen. Für ihn war es jedoch eine Schande, von Indianern gefangen zu werden und er widersetzte sich. So wurde er getötet und sein Kopf abgeschlagen. Der Kopf und das Geld wurden dem Adelantado übergeben - als Beweis für den Eifer Paullus. Der Adelantado, der sah, mit welchem Eifer ihm Paullu diente, glaubte, dass der Inka nun unnötig wäre, um den Frieden zu erreichen. Darum ernannte er Paullu zum Ersten Mann unter den Eingeborenen. Dazu rief er viele Kaziken und bedeutende Männer des gesamten Gebietes zusammen und stellte sie unter seinen Befehl. Sie sollten gegen Alonso de Alvarado marschieren. Paullu schickte seine Indios mit Briefen und Botschaften in das Lager der königlichen Truppen Alvarados. Diese Boten wurden nicht entdeckt, weil sie sich unter die Indios der Königlichen mischten. Sie überbrachten ihre Nachrichten an Anhänger Almagros, die ihm ihre Unterstützung zusicherten. Der Anführer dieser Gruppe war Pedro de Lerma.

In dieser Situation sandte Alonso de Alvarado einen Hauptmann mit vierzig Reitern zum Gouverneur Franzisco Pizarro, um ihn über die bisherigen Ereignisse zu unterrichten. Außerdem hatte er einen Hauptmann mit dreißig besonders auserwählten Reitern ausgesandt, um die Gegend auszukundschaften und Neuigkeiten von den Indios zu erfahren. Diese Reiter hatten Almagros Leute bereits gesehen, als sie an der Brücke über den Apurimac lagerten.

Pedro de Lerma zeigte bereits deutlich seine Parteinahme für den Adelantado, denn im Gegensatz zu seinen Worten stand er im regen Briefwechsel mit diesem und teilte ihm mit, dass er noch viele Anhänger unter den Königlichen hätte. Alonso de Alvarado erfuhr davon und sandte heimlich Leute aus, um ihn festzunehmen. Pedro de Lerma aber ahnte etwas und versteckte sich; es gelang ihm, zu Fuß den Fluss zu erreichen. Dort wurde er jedoch von vier Soldaten bedrängt, die eine Furt bewachten. Aber er konnte sich mit dreien von ihnen verbünden, so dass sie den vierten gefangen nahmen. Erst als sie auf dem Weg waren, ließen sie ihn laufen, damit er zu Alonso de Alvarado zurückkehren konnte.

Zu diesem Zeitpunkt war der Adelantado mit etwa dreihundert Reitern und viel Fußvolk an den Fluss gekommen, es gab viele Wortwechsel auf beiden Seiten, wobei Alvarado die Freilassung der Pizarro-Brüder Hernando und Gonzalo verlangte. Aber darauf ging der Adelantado nicht ein. Weil man zu dieser Zeit den Fluss nur an sehr wenigen Stellen überqueren konnte, baute Alonso de Alvarado ein mächtiges Bollwerk. Dazu ließ er viele Steine ohne Mörtelverbindung übereinanderschichten. Hinter dieser Bastion standen Pikeniere und Armbrustschützen sowie einige Arkebusenschützen. Alonso de Alvarado selbst war an der Brücke mit fünfzig hervorragenden Männern. Auf der Anhöhe schließlich verschanzte sich ein Hauptmann mit wenigen Leuten, um die Gefangenen zu bewachen. In der Nacht begannen die Musketenschützen zu schießen. Die Indios unter der

Führung Paullus, mittlerweile auf zehntausend angewachsen, befanden sich direkt am Flussufer und schleuderten so viele Steine auf die gegenüberliegende Seite, dass die Spanier sich dort nicht hinter ihren Bastionen hervorwagten. Die ganze Nacht lärmten die Indios und ließen die Spanier nicht zur Ruhe kommen. Eine halbe Stunde, bevor der Morgen dämmerte, stürzte sich ein ganzer Haufen von etwa dreihundert Reitern in den Fluss, sie drohten mit den Waffen, riefen »Almagro« und erreichten die Bastion. Dort befanden sich nur zwei oder drei Leute, die Widerstand leisteten, aber schnell aufgaben und in Richtung der Brücke liefen, wobei sie riefen: »Zu den Waffen! Zu den Waffen!« Währenddessen gelangte die gesamte Reiterei über den Fluss. Dort stiegen sie von den Pferden und verschanzten sich.

Als Alonso de Alvarado vom Übergang des Feindes erfuhr, befand er sich mit fünfzig Leuten in dem engen Weg zwischen dem Fluss und der Sierra, wo er sich gegen die Leute Almagros zur Wehr setzte. Diese versuchten, die Anhöhen einzunehmen. Alonso de Alvarado, der erkannte, dass alles verloren wäre, wenn der Gegner die Anhöhen einnehmen würde, stürzte mit zwanzig Männern vorwärts, um die Leute Almagros zu stoppen. Weil diese jedoch beritten waren, konnten sie die gefährdete Stelle sehr viel schneller erreichen. Als Alonso de Alvarado und die wenigen Männer in seiner Begleitung sahen, dass es nichts mehr zu verteidigen gab, begaben sie sich hinunter zum Fluss in Gefangenschaft. Dort hatte der Adelantado bereits den Wasserlauf überquert. Er empfing sie mit guten Worten und empfahl ihnen, dass sie jetzt alle zusammen gute Freunde sein sollten, denn sie würden jetzt nach Los Reyes marschieren. Ein Hauptmann des Adelantado ritt mit einhundert Reitern auf die Anhöhe, dort raubte er seine Gefangenen Alonso de Alvarado und Diego y Gomez de Alvarado aus. Später machte man Diego y Gomez de Alvarado deutlich, dass der Adelantado Alonso de Alvarado und Gomez de Tordoya enthaupten wollte. Dieser hatte für sie gebeten, weil sie seine Verwandten waren.

Auf Seiten des Alonso de Alvarado mussten Pedro de Sotomayor und fünf weitere Männer sterben, der Adelantado hatte nur zwei Leute bei der Flussüberquerung verloren.

Nachdem Alonso de Alvarado und weitere Männer gefangen genommen worden waren, begab sich der Hauptmann zurück zu den Truppen. Alonso de Alvarado und Gomez de Tordoya bekamen Fußfesseln angelegt. Cristobal de Vallalva drohte jeden Moment der Tod, denn er war schwer verwundet worden. Als der Adelantado sah, wie erfolgreich sein Kampf um Cuzco gewesen war, waren die Seinen der Meinung, dass sie jetzt nach Los

Reyes marschieren müssten, um den Gouverneur gefangen zu nehmen oder zu töten. Alle bereiteten sich auf den Weg vor, auch von denjenigen, die bisher für Alonso de Alvarado gekämpft hatten, entschlossen sich viele, nun gegen Los Reyes zu ziehen.

Es vergingen noch zwei Tage, ehe man sich auf den Rückweg nach Cuzco begab. Um seinen Leuten zu zeigen, wie zufrieden er war, ließ der Adelantado öffentlich ausrufen, dass sich kein Bürger der Dienste seiner Indios versichern dürfte. Er hob vorrübergehend die Bestimmungen der bestehenden Repartimientos auf. Niemand sollte einen Vorteil erlangen, bis er nicht selbst alle Repartimientos neu verteilt hätte. Damit schuf er jedoch große Unruhe in der Region, denn die Spanier zeigten sich sehr aufsässig. Spornstreichs raubten sie die Kaziken aus und dabei nahm sich jeder mehr, als ihm zustand. Einem Bürger, der sich beim Adelantado beschwerte, dass sein Repartimiento von anderen Spaniern ausgeraubt würde, antwortete der Adelantado, dass alles seine Zeit brauchen würde, bis jeder sein Eigentum für sich hätte.

Auf allen Wegen, die nach Los Reyes führten, standen indianische Posten aus Paullus Armee. Dadurch konnte kein Spanier zum Gouverneur gelangen. Dabei wurden aber auch vierzig Spanier des Adelantado getötet, weil die Indios glaubten, sie wären von Alonso de Alvarado geschickt worden.

Als der Inka sah, dass sein Plan, wonach sich die Spanier gegenseitig vernichten sollten, keine Wirkung zeigte, zog er sich auf die Hochebene von Tambo zurück. Dort nahm er Quartier in einem Ort namens Amaybamba. Dorthin wurden auch die gefangenen Spanier gebracht. Auf dem Weg ließ er die Straßen zerstören, so dass keine Pferde dort passieren konnten. Der Adelantado sandte Orgoñez aus, um den Inka zu finden und gefangen zu nehmen oder zu töten. Unter seinem Befehl standen dreihundert Soldaten zu Fuß und zu Pferd. Für die Reiter war der Weg sehr anstrengend, denn die Pferde konnten nicht passieren, so mussten alle zu Fuß gehen. Auf einer Ebene, nur zwei Leguas vom Aufenthaltsort des Inka entfernt, warteten einige Indios, die aber die Flucht ergriffen, als sie so viele Spanier kommen sahen. Der Inka zog sich daraufhin weiter zurück, er ging nach Urcos, wo es sehr schwierige Flussübergänge gab. Die Spanier blieben ihm auf den Fersen, immer sieben oder acht Leguas hinter ihm. Auf dem Weg machten sie viele Gefangene und töteten auch viele Indios. Die gefangenen Spanier fanden einen Platz, um sich zu verstecken und liefen den Weg zurück zu Orgoñez.

Dieser war mit einigen übermüdeten Spaniern zurückgeblieben und wartete auf die Pferde. Einige Spanier und Indios waren vorausgegangen, um den Weg zu erkunden. Dabei kamen sie in die Nähe einer Brücke über einen großen Fluss. Die flüchtenden Indios überquerten diese in großer Eile, wobei viele ertranken, denn sie zerstörten gleichzeitig die Brücke, damit sie von den Spaniern nicht verfolgt werden konnten.

Aber die Spanier versuchten gar nicht, die Flüchtenden einzuholen, dazu waren sie viel zu müde. Orgoñez traf sogar erst am nächsten Morgen ein. Er befahl, Bäume zu fällen und die Brücke zu reparieren. Mit dieser Arbeit verbrachten seine Leute den ganzen Tag. Am folgenden Tag passierten sie die reparierte Brücke noch vor dem Morgengrauen. Sie hatten noch keine große Wegstrecke zurückgelegt, als sie auf die ersten Krieger des Inka trafen. Die Spanier stürmten ohne Pause vorwärts bis sie den Ort Urcos erreichten. Dann waren die Pferde so müde, dass sie keinen Schritt mehr tun konnten. Sie fanden viele Kleidungsstücke von getöteten Spaniern. Während sich die Spanier plündernd über die Ortschaft hermachten, in der sie den Inka vermuteten, verließ dieser den Ort zur selben Zeit, als die ersten Spanier dort eintrafen. Er flüchtete zu Fuß, ohne zu wissen, wohin er gehen sollte. Orgoñez ritt mit drei oder vier Reitern weiter, ließ jedoch im Sonnentempel einige Spanier zurück, die diese Gebäude bewachen sollten, denn dort befanden sich alle Frauen, die der Sonne dienten.

In der Nacht erreichte der Inka einen Pass, der sehr hoch lag und mit Schnee bedeckt war. Dort hatte er das Ende der Anden erreicht. Bei ihm waren nicht mehr als zwanzig Indios der Lucanes, das waren die geschicktesten Leute dieses Gebietes. Bisweilen stützten sie den Inka, denn er hatte eine Schnittwunde und war übermüdet, weshalb er sich nicht bewegen konnte. In seiner Begleitung war auch der Huillauma, der ihm half, wo er nur konnte. Als Orgoñez den Pass mit vier Reitern erreichte, schickte er die zwei mit den besten Pferden dem Inka hinterher. Er selbst wartete auf die restlichen Leute. Gegen Mitternacht waren sie dann etwa zwanzig Reiter und mit diesen überschritt Orgoñez den Pass. Sie ritten die ganze Nacht und kamen am folgenden Morgen an ein Dorf. Die Indios dort waren so überrascht, dass sie ihm den Weg zeigten, den der Inka genommen hatte. Aber an dieser Stelle kehrten sie um, weil sie nicht mehr weiter vorankamen. Zurück in Urcos ließ Orgoñez unter den Spaniern die bereits erwähnte Kleidung aufteilen. Außerdem wurde die Sonnenscheibe aufgeteilt, die der Inka dort zurückgelassen hatte, sie war aus allerfeinstem Gold. Auch andere Gold- und Silberstücke kamen zur Verteilung. Ein Stück der Sonne erhielt Paullu, denn unter den Indios ist sie eine Verkörperung ihres Gottes. Sie sagen, dass es die Sonne ist, die alles regelt. Während dies geschah, sandte der Adelantado einen Brief an Orgoñez und teilte ihm mit, dass sich die Indios bei Los Reyes sammeln würden. Er solle zurückkommen, egal wie die Sache mit dem Inka stehen würde.

Es wurde bereits berichtet, wie Alonso de Alvarado dreizehn Berittene zum Gouverneur Pizarro sandte, um ihm zu berichten, was passiert war. Sie brachen mit der größten Eile auf und beeilten sich, an die Küste zu kommen. Dort trafen sie in einem Ort mit dem Namen Guarco mit dem Gouverneur zusammen. Dieser zog alle verfügbaren Kräfte zusammen und marschierte auf Cuzco, um das Land zu befrieden. Und weil er über alle Vorfälle informiert war, die die dreizehn Boten miterlebt hatten, sprach er seufzend: »Der Adelantado wird dafür bezahlen. Ich habe meinen Bruder Juan Pizarro verloren und mit ihm viele Leute, die mich lange begleitet haben.« Bald darauf sandte er einen Hauptmann als Boten. Dieser erhielt fünfzig Reiter als Begleitung. In einem Schreiben teilte er Alonso de Alvarado mit, dass er keinesfalls zurückweichen sollte und alles tun müsse, um Ruhe und Sicherheit zu gewährleisten.

Als sich diese Menge in Marsch setzte, waren die Truppen des Alonso de Alvarado bereits in die Flucht geschlagen worden und der Rückzug erschien ihnen die beste Lösung. Sie trafen im Tal von Nasca auf den Gouverneur. Dort erfuhr er von ihnen alle Neuigkeiten.

Um das Bevorstehende abzuwenden, wurde vereinbart, nach dem Bevollmächtigten Illan Juarez de Carvajal zu schicken; ebenso nach dem Lizentiaten Espinosa, nach Diego de Fuenmayor und dem Lizentiaten de La Gama. Diese sollten mit dem Adelantado Almagro in Cuzco sprechen. Sie erhielten alle Unterstützung, um Cuzco zu erreichen. In der Stadt angekommen, sprachen sie mit dem Adelantado darüber, was sie erwarteten, sie erreichten aber keine Übereinstimmung. Der Adelantado sagte, dass er nicht eine Handbreit des Bodens, den Eure Majestät ihm zur Verfügung gestellt hatte, verlieren wollte. Und dazu würde er auch nach Los Reyes gehen, um von dieser Stadt Besitz zu ergreifen. Der genannte Faktor und die Lizentiaten sahen, dass er nicht zur Vernunft kommen würde. Diego de Fuenmayor offenbarte ihm eine Verfügung der Audiencia von Española. Die Verfügung, die diese Differenzen voraussah, kam zu dem Schluss, dass bei Androhung harter Strafen weder er noch seine Hauptleute diese Stadt bewaffnet verlassen dürften, bis dass Eure Majestät dies erlauben würde. Der Adelantado und die übrigen verspotteten jedoch den Faktor wegen seiner Aufforderungen. Fuenmayor, der sah, dass ihre Mission so wenig Erfolg hatte, bat den Adelantado im Namen der Abordnung um die Erlaubnis, gehen zu dürfen. Diese wurde ihnen erteilt. Zu dieser Zeit gab es Wachen, die darauf aufpassten, dass niemand die Stadt in Richtung Los Reyes verließ. Diego de Fuenmayor brach auf mit einigen, die mit ihm gekommen waren. Dabei stießen sie Beschimpfungen gegen den Adelantado aus. Der Adelantado, der davon erfuhr, sandte einen Boten zu Pedro de Lerma, der am Apurimac lagerte. Er befahl ihm, Fuenmayor und seine Begleiter gefangen zu nehmen. Pedro de Lerma fand sie fünfundzwanzig Leguas von der Stadt entfernt und brachte sie gegen ihren Willen zurück. Fuenmayor musste sich beim Adelantado entschuldigen und dieser erlaubte ihm dann, die Stadt zu verlassen. Im Tal von Nasca traf er auf den Gouverneur und überbrachte ihm die Forderungen des Adelantado. Der Gouverneur zog sich bald darauf nach Los Reyes zurück. Dort versuchte er, so viele Truppen wie möglich aufzustellen. Denn er wusste, dass der Adelantado nicht eher aufhören würde, bevor er die Stadt Los Reyes erobert hätte. Weil sich auch die Indios erhoben hatten, forderte er so viel Unterstützung wie möglich an und bald trafen täglich neue Leute bei ihm ein.

Der Adelantado hatte den größten Teil seiner Leute in einigen Dörfern versammelt, deren Bewohner sie die Lucanes nannten. Vorerst blieb ihm nichts weiter übrig, als misstrauisch die Pferde und Waffen zu bewachen. Nach vielen Überlegungen beschloss er, Hernando Pizarro ständig in seiner Nähe zu haben. Dagegen sollten Gonzalo Pizarro und Alonso de Alvarado und viele andere unter starker Bewachung zu Gabriel de Rojas gebracht werden. Hernando wurde von zwanzig Reitern bewacht, diese durften ihn weder am Tage noch in der Nacht aus den Augen lassen. Er selbst saß ohne Sporen auf einem Pferd. Als Almagro die Llanos erreichte, wartete dort bereits Orgoñez mit allen Leuten auf ihn. Sie wussten nichts vom Gouverneur, auch aus den anderen Landesteilen hatten sie keine Nachrichten. Das änderte sich, als sie in das Tal von La Nasca kamen. Dort trafen sie auf zwei Spanier, die sich aus der Stadt entfernt hatten und ihnen folgendes erzählten: Zwanzig Tage, nachdem er (Almagro) die Stadt verlassen hatte, konnten sich Gonzalo Pizarro, Alonso de Alvarado und diejenigen, die mit ihnen gefangen gehalten worden waren, in der Nacht befreien. Zum Tagesanbruch schwangen sich alle fünfzig Männer mitten auf dem Platz auf ihre Pferde und verließen die Stadt, ohne auf Widerstand zu stoßen. Der Adelantado war darüber sehr ungehalten, er setzte seinen Marsch in Richtung des Chincha-Tales fort und gründete dort einen christlichen Ort. Er setzte Alcalden und Regidores ein und befahl, nicht weiter vorzustoßen.

Inzwischen hatte Gouverneur Pizarro eine große Anzahl von Leuten um sich geschart. Gonzalo Pizarro und Alonso de Alvarado waren mittlerweile bei ihm eingetroffen. Der Gouverneur begann bereits, vor seinen Hauptleuten zu prahlen, wie viele Männer unter seinem Befehl stehen würden. Es waren eintausend Soldaten und unter diesen befanden sich einhundertfünfzig Arkebusenschützen. Der Adelantado, der über die Größe dieser Armee Bescheid wusste, ließ Gräben und Bollwerke errichten. An den Wegen und vor allem an den Zugängen zum Tal wurden die Indios unter Paullu stationiert. So konnte kein Spanier passieren, ohne gesehen zu werden.

Der Gouverneur versuchte jedoch, den endgültigen Bruch zu vermeiden. Und das gegen den Willen vieler seiner Männer, die von denen in Cuzco geschmäht worden waren und die für die Niederlage an der Brücke von Abancay eine Revanche verlangten. Dem Pizarro schien es, je stärker er werden würde, desto sicherer würde er bestehen.

Außerdem wurde beschlossen, einen erfahrenen Lotsen auszusenden, um die geographische Breite zu messen. Durch ein Schiedsgericht unter dem Geistlichen Bobadilla und durch Zustimmung beider Seiten sollten dann die Grenzen zwischen den Herrschaftsgebieten Pizarros und Almagros gezogen werden. Dazu begab sich der Geistliche mit dem Lotsen in einen Ort namens Mala. Dieser befindet sich in der Mitte des Weges zwischen Los Reyes und Chincha. Dort maß er die Breite und verglich die Grade mit den Leguas, die Eure Majestät jedem von ihnen zugesprochen hatte. Alles wurde sehr genau untersucht und man schickte dann sowohl nach dem Gouverneur als auch nach dem Adelantado. Jeder kam in Begleitung von zehn Männern, um das Ergebnis zu hören.

Die Begleiter des Gouverneurs empörten sich darüber sehr, sie wollten es nicht dulden. Trotz der Waffenruhe hatte der Adelantado in Cuzco Hernando Pizarro gefangen gesetzt und mit gefälschten Briefen versucht, Alonso de Alvarado und seine Begleiter an der Brücke gefangen zu nehmen. Trotzdem konnte es der Gouverneur nicht unterlassen, die Anordnungen der Richter zu erfüllen. Er beschloss, zu dem vereinbarten Treffen zu gehen, denn er hielt es für ungerecht, sich zu entschuldigen. Und so entfernte er sich mit zehn Männern seines Vertrauens, so wie es die Übereinkunft vorsah. Die Streitmacht sah den Gouverneur davonreiten und hoffte, dass ihm kein Unglück widerfahren würde. Gonzalo Pizarro, der dieser Streitmacht als General vorstand, fürchtete ebenso wie alle anderen um den Gouverneur.

Der Gouverneur Franzisco Pizarro und der Adelantado trafen sich in den für sie vorbereiteten Quartieren. Während des Gespräches verloren sie viele Tränen und tauschten Worte der Versöhnung aus, als wäre bis dahin nichts geschehen. Ebenso bekräftigten sie ihre Freundschaft und Brüderlichkeit. Ihre bis dahin gezeigte Uneinigkeit wurde als Ausnahme hingestellt. Nachdem sich der Adelantado vielfach entschuldigt hatte, wurde beschlossen, den Hernando Pizarro freizulassen. Mit diesen Gesprächen verging der größte Teil des Tages und man einigte sich darauf, am nächsten Tag einen Entschluss bekannt zu geben. Die Truppen des Gouverneurs befanden sich an diesem Tag in einem Gebiet ohne Wasser und durch die stark scheinende Sonne wurden sie noch geschwächt. Außerdem fehlte es ihnen an genügend Nahrungsmitteln. Sie baten Gonzalo Pizarro um Eile, denn lange konnten sie das nicht ertragen. Vor allem hatten sie gehört, dass der Adelantado nicht weit von ihnen mit zweihundert Reitern stand. Der Gouverneur antwortete ihnen, dass er am nächsten Tag kommen würde, um alles zu beenden. Aber er hatte keine Ahnung davon, dass inzwischen eine Streitmacht ohne seine Erlaubnis die Stadt Los Reyes verlassen hatte.

Der Richter befahl die von Almagro bezeichneten Personen zu sich und ordnete an: diese Stadt ist innerhalb der zweihundertfünfundsiebzig Leguas, die durch Eure Majestät unter die Herrschaft von Don Franzisco Pizarro gestellt worden sind. Und Almagro, der gegen das bestehende Recht diese Stadt erobert hatte, müsse sich mit allen seinen Truppen hinter seine Grenzen zurückziehen, um das Gebiet seiner eigenen Herrschaft zu erobern. Dasselbe sollte der Gouverneur Don Franzisco Pizarro in seinen Grenzen tun. Als der Adelantado diesen Beschluss erfuhr, wollte er ihn nicht anerkennen. Seine Leute fluchten, dass dieser Beschluss ungerecht sei. Almagro selbst erkannte den Richtspruch als solchen an, akzeptierte ihn jedoch nicht und entschloss sich, bei Eurer Majestät dagegen zu klagen.

Der Adelantado zog sich nach Chincha zurück, der Gouverneur begab sich mit seinen Truppen zu einem Ort, der Huarco genannt wurde. Jeden Tag hatte er mit seinen Leuten viel zu tun, denn es mussten Nahrungsmittel besorgt werden. Immerhin kam es inzwischen zu einer Übereinstimmung. Es wurde vereinbart, Cuzco zu teilen und das neu gegründete Chincha wieder aufzugeben. Almagro sollte mit seinen Leuten ein Gebiet erobern und befrieden und der Gouverneur ein anderes. Gleichzeitig sollte Hernando Pizarro freigelassen werden und die Repartimientos, die einigen Vecinos von Cuzco genommen worden waren, sollten zurückgegeben werden. Der Adelantado erklärte sich mit dieser Entscheidung einverstanden und kehrte zu Hernando Pizarro zurück, um ihm diesen Entschluss mitzuteilen. An diesem Tag traf der Hauptmann Pedro Anzures ein, der einen Befehl Eurer Majestät mit sich führte, in dem vermerkt war, dass jeder der Gouverneure das Land, welches er erobert und besiedelt hatte, besitzen sollte, solange, bis ein anderer Beschluss Seiner Majestät vorliegen würde. Pizarro begrüßte diese Entscheidung und glaubte, der Adelantado müsse sie befolgen. Hernando Pizarro erhielt vom Gouverneur die Vollmacht, zu Eurer Majestät zu reisen, um Bericht zu erstatten.

Zu diesem Zeitpunkt hatte sich der Adelantado aufgrund der abgeschlossenen Übereinkunft bereits aus Chincha zurückgezogen und campierte in einem Tal, das Lima und Casca genannt wurde. Der Gouverneur brach ebenfalls auf, um in Chincha Quartier zu nehmen, Nahrungsmittel zu besorgen und um für weitere Absprachen dichter beim Adelantado zu sein. Auf dem Weg dorthin, der durch unbewohnte Sandgebiete führte, gab es nur einige wenige Wasserlöcher. Diese hatte der Adelantado teilweise zuschütten lassen. Als der Gouverneur mit seinen Männern das Tal von Chincha erreichte, mussten sie feststellen, dass Almagros Leute ihren Rückzug noch nicht vollständig abgeschlossen hatten. Franzisco Pizarro sandte dem Adelantado Boten, um an die Verfügung des Königs zu erinnern. Darauf antwortete ihm Almagro, dass er im Recht wäre, denn er hätte ja das Gebiet von Chincha bis hierher erobert und besiedelt und deshalb würden sie sich auch in seinem Herrschaftsgebiet befinden. Als die Boten mit dieser Nachricht zurückkamen, war Pizarro sehr ungehalten. Obwohl sich seine Truppen mittlerweile über das ganze Tal verstreut hatten, befahl er den Weitermarsch. Der Adelantado, der durch seine Spione, die er auf der Wegstrecke stationiert hatte, über Pizarros Weg informiert war, zog sich selbst zurück. Sein Weg führte ihn nach Guaytara, einem Übergang im Gebirge. Dieser Pass war sehr schwer zu passieren, denn man musste auf ihm gleich drei Mal einen großen Fluss überqueren. Der Gouverneur begab sich zur Einquartierung in das Tal von Lima und Casca.

Auf dem Marsch ließ Hernando Pizarro die Leute anhalten und sprach zu ihnen: »Euch allen ist die Güte bekannt, die Seine Majestät dem Gouverneur, meinem Bruder, bezeugt hat. Und auch, dass das Recht auf unserer Seite steht. Dagegen maßt sich der Adelantado gegen den Willen der Krone das Recht an, diese Provinz unter seine Herrschaft zu stellen. Vielleicht ist es ein großer Irrtum meinerseits, dass es so viele Ehrenmänner und eifrige Diener ihres Führers und Herren gibt, die sich für die Aufgabe einsetzen, diesem zu dienen. Ich kann es nicht genug preisen, dass es so viele gibt, die ihre Bereitschaft zeigen. Mit dieser Zuversicht werde ich die Zukunft überstehen, denn ich glaube an Eure Ergebenheit in unserer Sache für unser Recht. Und sollte jemand Bedarf an Waffen oder Pferden oder Hufeisen haben, dann teilt mir das bitte mit, damit ich euch damit versorgen kann. Denn niemand soll gerade an diesen Dingen Mangel tragen.«

Alle waren sehr zufrieden, es schien ihnen sehr vernünftig, was Hernando erzählt hatte. An diesem Tag bezogen sie im Tal von Lima und Casca ihr Quartier. An den folgenden Tagen mussten sie sich verstärkt um die Beschaffung von Nahrungsmitteln kümmern. Dazu wurde auch ein Hauptmann mit einem Fußtrupp in das Hochland geschickt, mit dem Auftrag, etwas zum Essen zu besorgen. Im Feldlager des Adelantado herrschte eine ähnliche Situation. Dort wurde Paullu damit beauftragt, seine Indios auszuschicken, um die notwendigen Dinge zu besorgen.

Kurz zuvor war ein Bürger von Los Reyes in ein ihm gehörendes Dorf gegangen. Dieses Dorf wurde Ica genannt und befand sich fünf Leguas von Lima und Casca. Der Spanier wollte Lebensmittel besorgen. Wegen der aufständischen Indianer war er in Begleitung einiger Freunde. Der Adelantado erfuhr davon und schickte einige Leute zu Fuß und mit Pferden, um diese Spanier gefangen zu nehmen. Sie kamen auf einem Weg, der in das Tal hinunterführte, gegen Mitternacht nach Ica und schrien: »Almagro« und »Tötet die Verräter«. Weil die Leute des Adelantado in der Überzahl waren, töteten sie zwei Spanier und verwundeten viele.

Aufgrund dessen, dass die Wege über das Gebirge so unwegsam sind, war man gezwungen, Brücken zu benutzen. Deshalb konnte der Gouverneur nichts davon erfahren, was der Adelantado tat. Er schickte nach einem Hauptmann der Armbrustschützen, der ein geschickter Mann war. Dieser sollte mit drei oder vier Leuten losziehen, um einen der Indios oder einen Spion des Adelantado zu fangen. Die Spanier nahmen zwei Reiter fest, die anscheinend dasselbe Ziel hatten, aber wegen des rauhen Geländes ihre Pferde nicht benutzen konnten. Von ihnen erfuhr der Gouverneur, was der Adelantado vorhatte und sie erzählten ihm, dass man beschlossen hatte, diesen Übergang zu verteidigen, bis Diego de Alvarado ankam, den man auf der Suche nach Leuten in diese Stadt gesandt hatte.

Mit dem Wissen um diesen Plan war das Heerlager überflüssig geworden, weil man es nicht verteidigen konnte und man beschloss, den Pass zu verteidigen oder notfalls zu sterben. Denn wenn der Adelantado Cuzco von der Küste aus erreichte, würde er auch die Stadt Los Reyes besitzen und man hätte das gesamte Gebiet verloren. Hernando Pizarro ordnete deshalb an, dass sich das gesamte Lager eine Tagesreise Richtung Osten verschieben müsse. Man sollte aber nicht nach Guaytara gehen. An diesem Tag marschierte man sieben Leguas, ohne einmal anzuhalten. Darüber waren die Leute sehr unzufrieden, denn niemand wusste, warum man derart marschieren musste, da niemand informiert worden war.

Das Lager des Adelantado schlugen sie an einem Fluss auf, so dass man den Weg über das Gebirge kontrollieren konnte. Auf der Höhe des Passweges wurde ein Hauptmann mit einhundert Leuten stationiert, um den Übergang zu sichern. Der Weg war dort sehr unwegsam und schlecht begehbar, an den meisten Stellen sehr stark zerklüftet. Der Pass wurde von indianischen Kriegern aus dem Trupp Paullus bewacht, die Steine die Abhänge hinunterrollten, genau auf den Weg, der durch das Tal von Ica führte. In Guaytara lagerten Orgoñez mit zweihundert Reitern und der Adelantado mit allen restlichen Leuten. An den wichtigsten Punkten hatten sie Armbrustschützen aufgestellt. Die Kundschafter gaben Nachrichten durch, dass sich die gesamte Streitkraft des Gouverneurs näherte. Und sie spotteten darüber, denn sie waren völlig sicher, dass diese nirgendwo durchkämen, ohne große Verluste zu erleiden. Hernando Pizarro glaubte, dass gerade der Weg, den der Hauptmann mit den einhundert Männern bewachte, der ohne Wasser und völlig unwegsam war, am nachlässigsten bewacht sein würde. Er beschloss, auf diesem Weg anzugreifen und teilte in der ersten Nachtwache die Leute auf. Er suchte sich die geschicktesten aus, denn sie würden gezwungen sein, auf dem größten Teil des Weges von den Pferden zu steigen, weil das Hochland, welches sie dort überqueren mußten, so unwegsam war. Dieser Weg erstreckte sich über eine Länge von fast einer Legua nur bergauf und war sehr steil. Der Hauptmann wurde sofort gewarnt, denn er und die Seinen würden als Erste den Tod finden.

Bei Hernando Pizarro waren dreihundert Männer und sie wussten nicht einmal richtig, wohin sie gehen würden. Alle marschierten in völliger Stille, die Lunten der Arkebusen waren abgedeckt. Zu Fuß überquerten sie das Hochland, jeder trug seine Waffen in der Hand. Sie waren entschlossen und es schien, dass sie keinen Gegner am Leben lassen würden. Der Gouverneur selbst war mit dem Rest der Leute zurückgeblieben, um sich am folgenden Tag anzuschließen. Diejenigen, die mit Hernando Pizarro gegangen waren, die Pferde zurückgelassen hatten und selbst sämtliche Waffen trugen, mussten eine unglaubliche Arbeit vollbringen. Diejenigen, die zu Fuß gingen, bildeten die Angriffsspitze. Aber sie konnten nicht auf dem Weg gehen, sie liefen durch vollkommen unwegsames Gelände. Die Indios warfen große Steine von den Anhöhen und doch schien es, als würden sie damit spielen. Weil die Vorausgehenden merkten, dass es unmöglich war, dort voranzukommen, weil sie an einigen Stellen schon auf Händen liefen und an anderen Stellen beinahe abstürzten, kehrten sie um und suchten einen anderen Weg. Dieser ging so steil bergauf und war so sandig, dass sie jedesmal, wenn sie einen Fuß voran setzten, zurück rutschten. Hernando Pizarro, der seinen Harnisch trug und wenig Übung darin hatte, so schwer bewaffnet zu Fuß zu gehen, wurde dadurch sehr müde, aber er versetzte alle in Verwunderung, wie er diese Schwierigkeiten bewältigte.

Fünf oder sechs Soldaten erreichten als erste die Anhöhe und stürzten sich mit dem Ruf »Es lebe der König!« auf die dort verschanzten Truppen. Sie waren dabei so eifrig, dass die Gegner glaubten, die gesamte Streitmacht würde über sie herfallen. Ohne Widerstand ergriffen sie die Flucht. Es verging ein halber Tag, bis die gesamte Truppe die Anhöhe erklommen hatte. Der Übergang dort ist so unwegsam, dass ein einziger Mann gereicht hätte, um an dieser Stelle gegen die ganze Welt zu kämpfen. Hernando Pizarro versprach allen ein gutes Handgeld für das Geleistete. Der Gouverneur erschien später und ordnete die Aufteilung der Leute zur Bewachung des Übergangs und des gesamten Gebietes an.

Sie sammelten alles ein und beschlossen, drei Leguas weiter voran zu marschieren, wo Orgoñez sein Lager hatte. Dieser saß in jener Nacht über den Mann zu Gericht, der die Aufgabe gehabt hatte, den Pass zu verteidigen. Diejenigen, die geflohen waren, wurden bestraft. Orgoñez rechnete den ganzen Tag mit dem Eintreffen von Hernando Pizarro und er glaubte, dass dieser mehr als eintausend Leute bei sich haben würde. Deshalb zog er sich mit seinen Truppen zurück und gab Nachricht an den Adelantado, dass er sich nach Cuzco zurückziehen würde und sich mit dem Adelantodo vereinen wolle, weil der Gouverneur Pizarro mit vielen Männern anrücken würde. Seine eigenen Truppen waren viel zu durcheinander, um Pizarro zu erwarten. Der Adelantado war durch diese Nachricht sehr betroffen und folgte eiligst dem Vorschlag von Orgoñez. Er setzte sich mit seinen Truppen in Marsch und vereinte sich mit den Truppen des Orgoñez in einem unbewohnten, verschneiten Gebiet. Inzwischen gelangte der Gouverneur mit einigen seiner Leute an den Ort, welcher bis vor kurzem noch Orgoñez als Lager gedient hatte. Sie brannten alles nieder. In der Nacht kamen die ersten Männer an, die sich in der Nacht vorher auf den langen Marsch begeben hatten. Es wurde beschlossen, noch einen Tag zu warten, bis alle wieder zusammen wären. Danach wollte man gemeinsam nach Guaytara aufzubrechen. Man wusste, dass sich der Adelantado dort aufhielt. Sie hatten etwa eine Legua zurückgelegt, als sie auf zwei Spanier stießen und von ihnen erfuhren, dass sich der Adelantado ebenfalls auf diesem Weg in Richtung der Stadt bewegte. Und dabei legte er eine solche Eile an den Tag, dass er einen Teil der Nachzügler einfach zurückließ. Aus diesem Grunde kehrten sie um und eilten über eine unbewohnte Gegend voran, um zu versuchen, dem Adelantado den Weg abzuschneiden. Den gesamten Tag zogen sie sehr ungeordnet voran, denn sie befanden sich abseits des Weges in einem unwegsamen Gebiet. Erst als es dunkelte, hielten sie an, um sich zu sammeln und um nicht einen Teil der Leute zu verlieren. Am nächsten Tag warteten sie bis zur Mittagszeit, bis sich alle wieder zusammengefunden hatten. Dann folgten sie der Spur, die Orgoñez hinterlassen hatte. Als sie die Höhen der Einöde kurz vor Einbruch der Dunkelheit erreicht hatten, begann es zu regnen und zu schneien. Alles in allem waren sie zusammen etwa zweihundert Männer.

In derselben Nacht schlief der Adelantado mit seinen Truppen nur eine Legua von dieser Stelle entfernt. Er war sehr entschlossen, in das Lager des Gouverneurs zu marschieren. Dabei war er sich der Strapazen bewusst, die viele seiner Leute mit der Überquerung der Hochebenen auf sich genommen hatten. In den Einöden, wo alles verschneit war, fühlten sie sich unwohl wie auf einem Schiff. Orgoñez widersprach ihm, denn er glaubte nicht, dass die Feinde so durcheinander wären. Er war der Meinung, dass es besser wäre, Pizarros Leute hier in einem Hinterhalt zu erwarten.

Als der neue Tag anbrach, erblickte er die Truppen des Gouverneurs, die zahlenmäßig sehr schwach waren. Sie rückten mit großer Unachtsamkeit und Nachlässigkeit vor, wobei alle sehr unzufrieden waren und am liebsten umgekehrt wären. Hernando Pizarro wusste, was die Leute in den letzten Stunden geleistet hatten und was sie in den nächsten Tagen in diesem unwegsamen, verschneiten Gebiet erwarten würde, wo es nichts zu essen gab. Es schien ihm ein guter Rat umzukehren, damit sich die Leute erholen konnten und um besser vorbereitet zurückzukehren. Denn bis hierher hatten sie die Verfolgten nicht zu Gesicht bekommen. Dabei täuschten sie sich so sehr, denn die Feinde erwarteten sie gar nicht weit entfernt. Der Gouverneur zeigte sich mit Hernando Pizarros Vorschlag einverstanden und sie beschlossen umzukehren. Sieben oder acht Männner aber wurden weiter voran geschickt, um den Weg zu erkunden. Dabei gerieten sie in einen Hinterhalt des Adelantado. Zwei von ihnen wurden verhaftet, die anderen kehrten um und überbrachten die Nachricht. Alle waren zufrieden, dass sie auf dem Rückweg waren, denn sie erkannten, dass sie in großer Gefahr geschwebt hatten.

Sie marschierten weiter, bis sie in das Tal von Ica kamen. Dort rieten die Hauptmänner dem Gouverneur, sich in die Stadt los Reyes zurückzuziehen, weil es in seinem Alter besser wäre, sich auszuruhen, anstatt solche anstrengenden Märsche durchzuführen. Außerdem könnte er von Ciudad de los Reyes aus Seine Majestät besser über alle Vorfälle informieren. Der Gouverneur stimmte zu und erteilte Hernando Pizarro umfangreiche Vollmachten, bevor er sich auf den Weg machte.

Die Truppen marschierten weiter an der Küste entlang, um nach Cuzco zurückzukehren. Jetzt waren es aber nicht mehr so viele Leute wie noch vorher in den kahlen Hochebenen, denn jetzt war es Winter und der Weg sehr unwegsam, so dass viele vor dem Marsch zurückschreckten. Hernando Pizarro, der den Befehl über die Leute hatte, musste mit denen, die ihm folgten, egal ob es viele oder wenige waren, die verlorene Stadt wieder zurückerobern. Deshalb unternahmen sie die vielen anstrengenden Märsche, bis sie abermals das Tal von La Nasca erreichten. Dort warteten sie einige Tage auf die Zurückgebliebenen. Als alle wieder zusammen waren, veranstaltete Hernando Pizarro eine Heerschau, um die Anzahl seiner Männer festzustellen.

Er zählte sechshundertfünfzig Männer, von denen zweihundertachtzig beritten waren. Die anderen waren Arkebusenschützen, Pikeniere und Armbrustschützen. Die Reiter teilte er in sechs Kompanien auf und stellte sie unter das Kommando jeweils eines Hauptmannes. Zum Abschluss der Heerschau sprach er zu den Fußtruppen:»Ich habe erfahren, dass diejenigen unter Euch, die keine Pferde haben, kaum etwas besitzen. Aber sie können ein Repartimiento erhalten. Denn ich gebe Euch mein Wort, dass die guten Soldaten nicht danach bewertet werden, wie viele Pferde sie besitzen, sondern nach dem Wert ihrer Person. Das heißt, jeder wird nach seinen Leistungen belohnt, denn der Besitz von Pferden ist eine Sache des Glücks und keine Wertschätzung der Person.« Mit dieser Ansprache zeigten sich alle sehr zufrieden, es schienen ihnen die Worte eines guten Anführers.

Jetzt lag der Weg in das Hochland vor ihnen und sie mussten von nun an vorsichtiger marschieren als bisher. Das hieß, alle mussten in Marschordnung laufen, die Waffen am Mann und die Lanzen in der Hand, denn der Feind würde sie nicht vorwarnen. Auch Hernando Pizarro trug die Waffen in der Hand. Derart marschierten sie voran, der Weg war sehr schwierig, weil es Winter war und die Flüsse deshalb sehr viel Wasser führten.

Nach dem Rückzug des Gouverneurs bei Guaytara begab sich der Adelantado ohne Pause bis zu einem Ort namens Vilcas. Dort verbrachte er einige Tage, um seinen Leuten Gelegenheit zum Erholen zu geben. Dort traf er sich auch mit Diego de Alvarado und einigen Soldaten, die er nicht ohne Probleme aus Cuzco mitgebracht hatte. Die Vecinos fürchteten, wenn so viele Männer die Stadt verließen, würde der Inka erneut zurückkehren und den Ort angreifen. Viele waren gefangen und sie hatten keine Pferde mehr, wodurch sie Grund genug zur Angst hatten. Der Adelantado entschloss sich, nach Cuzco zurückzukehren. Sein Oberbefehlshaber Orgoñez marschierte mit einhundertfünfzig Reitern voraus. Das erste, was er nach seiner Ankunft in Cuzco tat, war, dass er alle Waffen und alle Lebensmittel einsammelte. Gleichzeitig befahl er, eine öffentliche Zusammenkunft auszurufen. Dort zahlte er den Sold an diejenigen aus, die mit ihm gezogen waren. Das Geld nahm er von der Hazienda, die Hernando und Gonzalo Pizarro genommen worden war sowie von dem Gold und Silber aus dem Fünften Seiner Majestät. Der Adelantado traf einige Tage später ein und mit seiner Ankunft begann man ernsthaft zu begreifen, dass man sich auf eine Schlacht gegen Hernando Pizarro vorbereiten musste, von dessen Anmarsch man erfahren hatte. In den folgenden Tagen veranstalteten sie Heerschauen und Appelle, wobei sich die Leute sehr geschickt anstellten. Der Adelantado versprach allen sehr viel und verteilte sehr viel Gold und Silber, denn er glaubte, dass es keine bessere Möglichkeit geben würde, um sich Freunde zu schaffen. So kam es, dass später jeder eine leichte Rüstung aus Silber sowie Helme und Armbänder und noch viel mehr besaß. Alles war so fein gearbeitet und so fest wie die Arbeiten aus Mailand, denn die geringe Festigkeit des Silbers glichen sie dadurch aus, dass sie doppelte Lagen verwendeten. Derart verbrachten die Leute ihre Zeit sehr prächtig, als würden sie sich in der Lombardei befinden. Als sich Hernando Pizarro mit seinen Leuten der Stadt näherte, wurde beschlossen, ihn weit außerhalb zu erwarten. Es sollte ein Platz am Fluss befestigt werden. Um ganz sicher zu gehen, ließ der Adelantado einige Bürger verhaften, von denen er annahm, dass sie Freunde des Gouverneurs wären.

Zu diesem Zeitpunkt verhandelte ein spanischer Bürger namens Sancho de Villegas mit Paullu und einigen anderen Spaniern, um sich auf die Seite Hernando Pizarros zu schlagen. Als der Adelantado davon erfuhr, teilte er seine Leute in vier Abteilungen und ließ alle Zugangsstraßen besetzen, dadurch konnten viele abgefangen werden, die Gleiches vorgehabt hatten.

Inzwischen rückte Hernando Pizarro immer weiter voran. Er machte sich jedoch bei seinen Leuten sehr unbeliebt, denn er ließ sie ohne Pause vorwärtsrennen und verbot ihnen auch, die Eingeborenen auszurauben. Außerdem hatte er einige, die sich seinen Befehlen widersetzt hatten, festsetzen lassen. Aus diesem Grund waren alle sehr mürrisch und marschierten widerwillig durch die Dörfer. Sie erreichten eine Station, die Hacha genannt wurde. Hernando Pizarro beschloss, dort fünf Tage zu bleiben, denn seine Leute waren sehr erschöpft und er hatte vor, einen Erkundungsmarsch zu unternehmen. Er suchte sich die Leute aus, die nicht so ermüdet waren und wies sie an, alles Gepäck zurückzulassen: so zog er mit fünfzig Männern weiter. Nach fünf Tagen überquerten sie einen großen Fluss und er beschloss, hier sein Lager aufzuschlagen, denn der Weg zweigte hier in drei verschiedene Richtungen ab. So wollte er die Kundschafter der anderen Seite darüber hinwegtäuschen, welchen Weg man demnächst einschlagen würde.

Die Kundschafter erfuhren jedoch von dem Lager und Orgoñez brach auf, um im Auftrag des Adelantado den Weg zu sperren. Während Hernando Pizarro die Zelte aufbauen ließ, befahl er die Rückkehr. Er wollte noch in der selben Nacht das Hochland erreichen, um dort den Übergang zu besetzen, den die Feinde ihm sperren wollten. Diese Aktion war mit seinen völlig erschöpften Leuten keine leichte Aufgabe. Sie marschierten während des größten Teils der Nacht. Der Marsch war sehr anstrengend, denn der Aufstieg war sehr steil, teilweise mussten sie auf den Händen laufen. Dabei waren sie nicht mehr als einhundert Leute.

Am anderen Tag waren sie gezwungen, die Nacht in einem kleinen Dorf zu verbringen. Dabei trafen die Kundschafter der beiden verfeindeten Seiten zufällig aufeinander und zogen sich sofort in ihre Lager zurück, um darüber zu berichten, dass sie auf den Feind gestoßen waren. Hernando Pizarro nahm daraufhin als sicher an, dass sich das Lager des Adelantado weitab von Cuzco befand. Er wusste jedoch nicht, wo dessen Leute sich bewegten. An diesem Tag versammelte Orgoñez seine Männer auf dem Platz des Ortes. Alle waren bewaffnet und brannten auf den Kampf, sie konnten es kaum erwarten, auf das Schlachtfeld zu kommen. Sie glaubten nicht nur, dass sie besser bewaffnet und ihre Pferde ausgeruhter wären, sie wussten außerdem, dass die größere Abteilung Hernando Pizarros noch zurückgeblieben war.

Zum Abschluss der Heerschau, als alle bereits den Platz verlassen wollten, kniete der Generalkapitän Orgoñez vor dem Adelantado nieder und sprach:

»Ich bete zu unserem Herrn für unser gerechtes Vorhaben und hoffe, dass er mir erlaubt, in der nun folgenden Schlacht mein Leben zu behalten, und dass er uns den Sieg schenkt, denn alles gehört uns.« Der Adelantado umarmte ihn unter Tränen, dann brachen die Truppen auf. Es waren ungefähr sechshundertachtzig Männer, davon dreihundert zu Pferd. In derselben Nacht kehrten noch achtzig Peones um, die ihm nur widerwillig gefolgt waren. Am selben Tag trafen seine Kundschafter ein, es waren die nämlichen, die in dem kleinen Dorf auf Hernando Pizarros Leute gestoßen waren und sie berichteten dem Adelantado, dass Hernando Pizarro bereits das Hochland erreicht hatte und sein Lager bei Salinas aufschlagen würde.

Hernando Pizarro, bei dem inzwischen der größte Teil seiner Männer eingetroffen war, marschierte in großer Ordnung voran. Sein Ziel bestand darin, noch am selben Tag auf einer großen Ebene mit dem Gegner zusammen zu treffen. Diese Ebene befand sich drei Leguas entfernt. Weil sie den Königsweg nicht verlassen wollten, stiegen sie über einige große Abhänge, bis sie sich auf einer Hochebene befanden, die noch über einigen Ebenen lag, die Las Salinas genannt werden.

Orgoñez, der durch seine vielen indianischen Späher wusste, dass sie diesen Weg genommen hatten, dirigierte seine Truppen dementsprechend und teilte sie in drei Teile. In einer Entfernung von einer Legua vor der Stadt, zwischen einer Ebene und dem Fluss nahmen sie Aufstellung. Die Infanterie stand hinter einigen verfallenen Häusern und an der Flanke stand die Artillerie, mit der er ausreichend ausgestattet war. Die Indios unter dem Kommando Paullus, es waren fast fünfzehntausend, nahmen an den Berghängen Aufstellung, direkt am Königsweg. Orgoñez selbst nahm mit der Reiterei in der Mitte Aufstellung. Über den Rüstungen trugen sie weiße Hemden. Auf diese Weise lag der Weg genau zwischen der Infanterie und der Reiterei. Er rechnete sich aus, dass Hernando Pizarro auf diesem Weg entlangkommen müsste. Der Weg war aber sehr eng, er war zwischen den Salzgruben angelegt worden, die sich nun auf den beiden Seiten des Weges befanden. Dadurch sollte es ein Leichtes sein, die Gegner zurückzuschlagen. Am selben Tag stoppte Hernando Pizarro seinen Marsch, um seinen Leuten genügend Ruhe zu gönnen. Alle mussten ein Stück Stoff aus orangefarbenem Damast an ihren Waffen befestigen. An den Helmen wurde eine große weiße Feder angebracht. Die gesamte Truppe hörte voller Andacht die Messe und stieg im Anschluss in die Ebene hinab. Dort stellte Hernando Pizarro seine Truppe auf. Er zog zwanzig der besten Arkebusenschützen als Reserve zurück. Aus den restlichen bildete er zusammen mit der gesamten Infanterie eine Schwadron aus drei Kompanien. Die Reiterei bildete eine extra Schwadron, ebenso die Kompanien von Alonso de Alvarado und Pedro Anzures, die unter das Kommando von Gonzalo Pizarro gestellt wurden. Mercadillo erhielt den Befehl, mit seiner Kompanie die Reserve zu bilden. Derart geordnet marschierten sie vorwärts. Die Boten eilten zwischen den Abteilungen hin und her, um die Befehle zu überbringen.

Als Hernando Pizarro erfuhr, dass Orgoñez ihn erwartete, bereitete er ein Schreiben vor, in dem er ihn aufforderte, die Stadt zu übergeben. Dann ließ er die Truppen antreten und sprach folgendermaßen zu ihnen: »Die Feinde erwarten uns auf dem Schlachtfeld, der Kampf ist nicht mehr fern. Ich weiß sehr gut, dass es keiner Worte bedarf, um Euch Kraft zu geben, wie in ähnlichen Situationen vorher. Glaubt mir, dass der große Mut, den ich in Euch allen kennen gelernt habe, uns schaden könnte. Denn dieser Mut kann Euch drängen, unüberlegt anzugreifen, um siegreich zu sein. Unstimmigkeiten, die es in den Schwadronen geben kann, müssen wir mäßigen, mit der Geduld, die in diesen Zeiten nötig ist. Ich wünsche uns den Sieg, denn ich hoffe, dass unsere neue Ordnung den Gegner durcheinander bringt und uns zum Sieg über ihn verhilft. So schaue denn einer auf den anderen, so dass wir uns gegenseitig helfen können.«

Zur Abteilung des Alonso de Alvarado sprach er, dass er sie besonders bitten wolle, dass sie auch im Falle, wenn es schlecht aussehen würde, nicht zurückweichen sollten. In dieser Abteilung gab es viele Männer, die beleidigt worden waren, weil man sie aus der Stadt vertrieben hatte. Deshalb glaubte er, sich auf diese besonders verlassen zu können.

Im Anschluss stellte er sich an die Spitze seiner Abteilung und ihm wurde von den Kundschaftern gemeldet, dass der Hauptweg sehr schmal war und dass ein Teil der gegnerischen Indios schon gefährlich nahe wäre. Daraufhin bewegten sich die Truppen auf eine Ebene zu und stiegen hinauf. Von dort sahen sie die Gegner in Schlachtordnung stehen, die Reiter in einer Reihe und die Fußtruppen am Hang.

Da hatten sich auch schon die Indios beider Seiten einander genähert und kämpften miteinander. Dabei waren die Leute von Paullu im Vorteil, denn sie waren in der Überzahl. Die beiden Armeen trafen aufeinander und jede Seite war sehr gut aufeinander eingespielt. Hernando Pizarro bekümmerte es sehr, ansehen zu müssen, wie es lief; denn weil er den Hauptweg aufgegeben hatte, floss der Fluss genau zwischen den beiden Armeen und sie mussten die Anhöhe hinauf, was für Orgoñez ein Vorteil war. Vor ihm selbst befand sich ein versumpftes Stück. Hernando Pizarro sandte seinen bereits erwähnten Boten dorthin, aber da begann bereits die Artillerie des Adelantado zu schießen. Und schon die erste Salve riss zwei Soldaten der Infanterie des Hernando Pizarro mit sich. Aber die Schwadron drang beharrlich weiter voran. Besonders die Arkebusiere taten sich dabei hervor. Sie strömten durch den Morast und weiter in den Fluss, überrannten die Reiterei und eine Schwadron Infanterie. Als Orgoñez sah, wie die Arkebusiere Land gewannen, besetzte er einen kleinen Hügel am Fuße der Sierra, um Reiterei und Infanterie zur besseren Verteidigung zu sammeln. Als Almagro bemerkte, dass sich seine Leute zum Hügel zurückzogen, schien es ihm, das wäre der Weg, um ins Hintertreffen zu geraten. Deshalb stieg er aus der Sänfte, in der er saß, nahm sich ein Pferd und ritt in die Stadt zurück. Bevor er dort eintraf ergriffen seine Leute die Flucht und zogen sich in die Festung zurück.

Zu diesem Zeitpunkt hatte Hernando Pizarro bereits das Moor durchschritten, das noch größer war, als sie gedacht hatten. Sie hielten nicht an, bevor sie den Fluss überquert hatten. Es waren bereits etwa 50 Berittene übergesetzt, als Orgoñez mit einer ganzen Schwadron seiner Leute zum Angriff überging. Die Arkebusenschützen Hernando Pizarros schossen auf alles, was sich bewegte, während sie vor den Reihen der eigenen Reiterei und der Infanterie vorangingen. Orgoñez und seine Leute gingen in Laufschritt über, die Lanzen gesenkt, um Hernando Pizarro und seine Leute zu überrennen. Dabei versuchten sie, mit einer Wendung die Fußtruppen zu überlaufen. Plötzlich war Orgoñez ganz allein vor allen anderen und wandte sich gegen die Reiterei. Er zerbrach dabei seine Lanze wie ein besonders tapferer Mann, was aber nicht besonders weise war. Denn seine Drehungen wirkten wie die Bewegungen eines Kopflosen. Hernando Pizarro und Lerma stießen aufeinander, ein Stoß traf dabei den Hals von Lermas Pferd. Dabei wurde dieser abgeworfen und Hernando Pizarro stieß mit seiner Lanze nach ihm. Doch dann wurde Lerma von einer Schwadron von vierzig Reitern seiner eigenen Leute angegriffen, alle mit dem Willen, ihn nicht gefangen zu nehmen, sondern ihn zu töten. Das kam dadurch, weil er sich vor Eingreifen in die Schlacht derart angezogen hatte, dass er einen großen weißen Federbusch aufgesetzt hatte. Dadurch war er von den Feinden nicht zu unterscheiden. Er musste erst die Hand heben und sich verteidigen, bevor sie einander erkannten.

Die Abteilungen von Gonzalo Pizarro kamen gut voran, denn als Orgoñez mit seinem Bataillon umkehrte, griffen sie es von der Seite an. Dabei wurden viele zu Boden geworfen. Dagegen wurden die Fußtruppen des Adelantado nicht völlig überrannt. Zuvor, als er gesehen hatte, dass seine Reiter sich ohne Ordnung bewegten, verschanzten sie sich zum Schutz hinter einigen Mauern, die dort standen.

Zu dieser Zeit hatte sich eine richtige Schlacht entwickelt. Die meisten hatten ihre Lanzen zerbrochen und die Schwerter zur Hand genommen. Ohne Erbarmen schlugen sie aufeinander ein. Das Hin- und Her war so groß, dass sie sich einige Male nicht mehr erkannten und gegen die eigenen Leute kämpften. Hernando Pizarro eilte auf dem Schlachtfeld hin und her und zeigte deutlich, dass er den Sieg wollte. Orgoñez tat es ihm gleich, aber wie Gonzalo Pizarro war er an die Flanke gedrängt worden, wie ich bereits berichtet habe. Unter ihnen gab es eine große Verheerung, sie konnten nicht länger widerstehen, überstiegen die Mauern und flüchteten über die Sierra hinauf. Die Männer Hernando Pizarros verfolgten sie. Einige Reiter aus den Truppen des Adelantado, die zu Fuß weitergekämpft hatten und in Gefangenschaft gerieten, wurden vor Hernando Pizarro geführt. Sie bekamen Fürsprache von Leuten, die sie kannten. Hernando Pizarro, der erkannte, dass er seinen zweiten Sieg errungen hatte, wollte keine Rache üben und ließ alle verhaften. Gonzalo Pizarro verfolgte die Flüchtenden weiter. Der Adelantado, dem es nicht sehr gut ging, hatte nicht in die Schlacht eingegriffen, sondern als er seine Niederlage erkannte, seine Sänfte verlassen, sich ein Pferd genommen und war in die Festung geflüchtet. Alonso de Alvarado folgte ihm und nahm ihn gefangen. Er wurde auf Anweisung Hernando Pizarros in den selben Turm gesperrt, in dem der genannte Hernando Pizarro festgehalten worden war. Dieser selbst blieb auf dem Schlachtfeld und kümmerte sich nicht um die Besiegten, denn viele von ihnen schämten sich und kehrten auf das Schlachtfeld zurück.

Auf Seiten Almagros verloren sein Generaloberst Orgoñez und fast fünfzig Mann ihr Leben. Bei Hernando Pizarro waren es etwa fünfzehn Leute. Viele hatten große Schnitte im Gesicht, denn weil sie gut gerüstet waren und Helme trugen, gab es keine offene Stelle, außer den Gesichtern - die meisten Hiebe wurden gegen diese geführt. Die Toten wurden ausgeraubt, dafür beschimpfte Hernando Pizarro die Plünderer heftig, die ihn dafür verfluchten. Umso mehr, als sie alles wieder zurücklegen mussten.

Paullu, der gesehen hatte, wie die Leute des Adelantado in die Flucht geschlagen wurden, war geflohen. Hernando Pizarro ließ nach ihm rufen und er kam nicht ohne Schamgefühle zurück. Hernando Pizarro begab sich in die Stadt, denn der Adelantado hatte darum gebeten, ihn zu sehen.

Obwohl Hernando Pizarro nicht vergessen hatte, wie schlecht der Adelantado ihn hatte behandeln lassen, besuchte er ihn. Der Adelantado beklagte sich bei ihm. Er erregte Hernando Pizarros Mitleid, der ihn tröstete und ihm sagte, dass tapferen Männern oft ähnliches passiert und er nicht weinen, sondern den Wert seiner Person zeigen möge. Er würde mit ihm einen Vertrag schließen und seine Gerichtsbarkeit würde sehr zurückhaltend sein.

Der Adelantado hatte die Hoffnung aufgegeben, dass ihn seine Getreuen besuchen durften. Hernando Pizarro bewilligte ihm jedoch diesen Wusch und gab die Erlaubnis dazu. Bis der Adelantado damit begann, einigen Hauptleuten, die ihn besuchten, Angebote zu machen. Diese berichteten aber Hernando Pizarro davon und seitdem durfte niemand mehr den Adelantado besuchen.

Der Anwalt Eurer Majestät erhob Anklage wegen der Vorkommnisse der letzten Zeit, nach allen Rechten wurde der Prozess geführt, der sich über vier Monate hinzog. In dieser Zeit verstand es die Justiz, die Beschwerden zurückzuweisen, die von den Leuten des Adelantado vorgebracht wurden. Und alles, was seit den Tagen der Schlacht gestohlen worden war, wurde zurückgegeben. Dazu bestimmte Hernando Pizarro zwei Leute, die nur damit beschäftigt waren, so sammelten sie auf dem Platz viele Pferde und andere Dinge, die geraubt worden waren, damit sich jeder seine Sachen zurückholen konnte.

Hernando Pizarro befehligte jetzt viele Leute, sowohl diejenigen, die er bei sich gehabt hatte als auch diejenigen des Adelantado. Er erkannte, dass der Aufenthalt in der Stadt sehr langweilig wurde. Deshalb beschloss er, dagegen etwas zu tun und stellte Erkundigungstrupps zusammen.

Dem Hauptmann Mercadillo trug er den Eroberungszug in die Gegend von Jauja auf. Dieser nahm einen Teil der Leute mit sich. Den Hauptmann Vergara sandte er mit einem anderen Teil der Leute auf den Weg nach Guacamayos. Den Hauptmann Alonso de Alvarado schickte er aus, um die Eroberung der Chachapoyas fortzusetzen. Pedro de Candía, einem Bürger dieser Stadt, übertrug er die Eroberung der Anden in der Umgebung von Cuzco. Mit diesem Hauptmann zog ein großer Teil der Leute, die vorher unter dem Adelantado Don Diego de Almagro marschiert waren und mit ihm nach Chile gegangen waren. Alle diese genannten Gruppen zogen aus der Stadt hinaus. Die Leute des Pedro de Candía aber hielten zwanzig Leguas von hier an, unter dem Vorwand, sich erholen zu wollen. Von dort aus schickten sie Briefe an einige Freunde des Adelantado, die in der Stadt Cuzco verblieben waren. Sie nahmen Kontakt zu Hauptmann Castro auf, dem

Hauptmann der Arkebusenschützen Hernando Pizarros, die auch Almagro bewachten. Sie boten ihm fünfzehntausend Castellanos und tausend für jeden seiner Soldaten. Castro benachrichtigte jedoch Hernando Pizarro und dieser ließ die Verschwörer verhaften und befahl, dass Pedro de Candía seinen Eroberungszug fortsetzen solle.

Dieser entfernte sich und nach sechzig Leguas stießen sie auf einige Unebenheiten im Weg und erkannten aufs Neue, dass sie auf diesem Weg nicht vorankamen und dass es nach Collao einen besseren Zugang gab. Unter diesem Vorwand kehrten sie in diese Stadt Cuzco zurück. Weil diejenigen, die den Adelantado in Freiheit sehen wollten, sehr viele waren, wurde die Absicht darum nicht geheim gehalten. Laut wurden Drohungen gegen Hernando Pizarro ausgestoßen und man hatte die Absicht, Diego de Almagro aus der Gefangenschaft zu befreien.

Zur rechten Zeit warnte Don Alonso Enriquez den Hernando Pizarro, dass es in dieser Stadt zweihundert Leute gab, die abgesprochen hatten, den Adelantado aus dem Gefängnis zu befreien. Diesen Männern fehlte jedoch ein Anführer. Deshalb konnte Hernando Pizarro die wichtigsten Rädelsführer verhaften lassen. Gleichzeitig wurden einige Leute auf den Weg nach Los Reyes, auf unwegsamen Wegen, um sie wegzubringen, damit sie per Schiff zu Eurer Majestät geschickt werden. Hernando Pizarro sah die Meutereien und den Aufruhr, den es gab und erfuhr von der Umkehr der Leute des Pedro de Candía. Er verdoppelte die Wachen vor seiner Unterkunft und übte Nachsicht, die soweit ging, dass er den Prozess beendete. Zu dem Zeitpunkt, als dieser abgeschlossen wurde, traf ein Brief von Villacastin ein, dem Alcalde dieser Stadt. Der Brief besagte, dass in einem Dorf, das ihm übertragen worden war und in das er sich begeben hatte, um seine Indios zu besuchen, die Männer von Candía eingetroffen waren. Diese hatten ihn und andere schlecht behandelt, hatten geprahlt, dass sie den Adelantado befreien würden und dass sie die Absicht hätten, die Provinz Charcas zu besiedeln, trotz Hernado Pizarro, den sie nicht anerkannten. Hernando Pizarro erkannte die Unverschämtheit dieser Männer. Er rief die Regidores und Alcalden zusammen, die vertrauenswürdige Männer waren und sprach zu ihnen: »Wir kennen bereits den Aufruhr und die Meuterei unter diesen Leuten des Diego de Almagro, die gegen mich sind, weil ich ihnen die Diebstähle nach der Schlacht verboten habe und trotz der Angebote, die ich dem Adelantado gemacht habe, haben sie damit weitergemacht. Man hat mir diesen Brief geschickt, in dem mitgeteilt wird, dass die Leute des Pedro de Candía neun Leguas von hier stehen. Es sind dreihundertundfünfzig Männer und ihren Worten nach zu urteilen, missachten sie die Gesetze. Genau wie Ihr, meine Herren, habe ich Verantwortung für diese Stadt. Bitte beratet, was wir tun wollen. Und weil einige Leute in meiner Gegenwart nicht frei sprechen werden, werde ich mich so lange zurückziehen.«

Damit ließ er die Männer allein und nachdem diese sich beraten hatten, riefen sie nach Hernando Pizarro und erklärten ihm, dass es kein Mittel geben würde, das Land zu befrieden, ohne den Adelantado zu verurteilen. Denn es war ganz deutlich, dass er aufgrund seiner ständigen Straftaten den Tod verdienen würde. Damit würde man das Land sichern und viele weitere Tötungen verhindern. Hernando Pizarro sagte ihnen, dass sie durch Gottes Fügung mit ihm übereinstimmen würden. Denn die Situation wäre so, dass das Land in Gefahr wäre und ihr aller Leben dazu. Sie antworteten ihm, dass der Adelantado den Tod verdienen würde.

In dieser Nacht versammelte Hernando Pizarro zweihundert Männer in seinem Haus, denn er fürchtete einen Überfall der Leute des Pedro de Candía. Am nächsten Morgen begab er sich zum Adelantado und erzählte ihm von der Übereinkunft, die er mit seinen Leuten getroffen hatte: dass er ihm den Prozess machen werde. Der Adelantado legte daraufhin ein Geständnis unter Eid ab.

Er bekannte die meisten Straftaten und wenn er sie zum Teil auch schönfärbte, so bestritt er sie doch nicht. Er legte die Beichte ab, wurde verurteilt und erhielt die Verurteilung zugestellt. Dagegen legte er Berufung ein und sagte Dinge von großem Bedauern. Derart, dass Hernando Pizarro sich vor Mitleid wegdrehen musste. Er verlangte ein Geständnis. Das wollte der Adelantado erst geben, wenn sich Hernando Pizarro zu ihm umdrehen würde, was dieser dann auch tat. Der Adelantado sagte, dass man ihn nicht verurteilen könnte, obwohl er schwerwiegende Straftaten begangen hätte. Er müsse an den Hof Eurer Majestät geschickt werden. Hernando Pizarro jedoch befahl seinen Tod. Ihm wurde geraten, dass er seine Besitzungen an Eure Majestät testamentarisch überschreiben sollte, was er dann auch tat. Danach brachte man ihm eine Garotte in die Zelle, um Aufruhr zu vermeiden. Anschließend wurde er auf den Platz getragen, wo ihm öffentlich der Kopf abgeschlagen wurde. Danach ließ ihn Hernando Pizarro begraben, er selbst war beim Begräbnis mit dabei. Er befahl den Reitern und den Hauptleuten, den Leichnam vorsichtig anzufassen. Alle Anwesenden benahmen sich sehr anständig, Hernando Pizarro und sein Bruder Gonzalo Pizarro kleideten sich bei seiner Totenmesse in schwarz.

Im Anschluss an das Begräbnis erhielten die Amtsträger Eurer Majestät, der Schatzmeister, der Zahlmeister und der Inspektor, die der Regierung des Adelantado angehört hatten, von Hernando Pizarro einen Auftrag. Er sagte ihnen dazu, nach dem Tod des Adelantado wäre es ihre Pflicht als Beamte des Königs, die Regierungsgeschäfte zu führen. Dazu würden sie das Land erhalten, so wie vorher der Adelantado. Hernando Pizarro wollte nicht, dass sich wieder Aufruhr und Unruhe entwickeln würden wie gerade vorher. Er brach mit etwa 80 Reitern auf, um die Leute des Candía gefangen zu nehmen, die, wie bereits berichtet, den Aufruhr angezettelt hatten. Am nächsten Tag kam er zu dem Ort, in dem sich die Leute des Candía aufhielten. Als diese von seinem Kommen und vom Tod des Adelantado erfuhren, ergriffen viele die Flucht. Und die Anführer hinderten sie nicht daran. Eine halbe Legua vor ihnen versammelte Hernando Pizarro seine Männer und ritt nur mit einem Richter und einem Schreiber in den Ort. Dort informierte er einen Hauptmann namens Mesa, dass sie alle schuldig seien und dass Diego de Almagro verurteilt und hingerichtet worden war. Pedro de Candía und einige andere Anführer wurden gefangen gesetzt, um sie dem Gouverneur vorzuführen. Am selben Tag ließ er viele Indios und ihre Frauen frei, die in Ketten gefangen gehalten worden waren. Sie durften auf ihr Land zurückkehren. Aus Dank erhoben sie ein großes Geschrei, dankten ihren Göttern und rühmten Hernando Pizarro. Weil sich die Menge nicht auflöste, ernannte er den Hauptmann Peranzures zu ihrem Anführer und dieser ging mit ihnen, um sie in die Berge zurückzubringen, wo sie herkamen. Dort sollte er seinen Erkundungszug durchführen, denn in Begleitung der Indios würden sie nicht wagen, unter den friedlichen Eingeborenen Schaden anzurichten und sie würden keine Gefangenen unter diesen friedlichen Eingeborenen machen.

Als dies geschehen war, kamen Indios aus Atuncollao zu Hernando Pizarro. Atuncollao war eine Provinz, die nach dem Krieg und nahe bei Cuzco Frieden gehalten hatte. Sie baten um Unterstützung, denn Cariapaxa, der Häuptling der Provinz von Lupaca, hatte ihnen den Krieg erklärt, weil sie Freunde der Christen seien. Er zerstöre ihr Land, nenne sich Sohn der Sonne und sagt, dass alle ihm gehorchen müssten. Sie hätten alles getan, um sich zu verteidigen, aber die gegnerischen Leute wären sehr kriegerisch. Dieser Cariapaxa hatte sein Gebiet fünfzig Leguas von Atuncollao. Später nahm Hernando Pizarro den Weg in diese Richtung, mit ihm und seinen Männern gingen einige Diener. Die feindlichen Indios, die von seinem Nahen erfuhren, ergriffen die Flucht und er verfolgte sie zwei Tage lang mit der größten möglichen Eile. Als er sah, dass es ein Fehler war, die Pferde derart zu ermüden, befahl er Gonzalo Pizarro mit dreißig Reitern die Verfolgung fortzuführen. Dieser setzte den Gegnern nach. Er legte dabei solch Eile an den Tag, dass er trotz des Vorsprungs, den die Indios hatten, diese am anderen Tag einholte. Er fiel mit solcher Wucht über sie her, dass sie, ohne sich zu verteidigen, die Waffen fortwarfen und die Flucht ergriffen. Wieder nahmen die Spanier die Verfolgung auf, bis ein Spanier aus dem Peleton ausbrach. Aufgrund des unwegsamen Geländes verloren sie ihn aus den Augen. Als sein Pferd ermüdete, fiel er den Indios in die Hände und diese nahmen ihn mit sich. Gonzalo Pizarro kehrte um und Hernando Pizarro befahl dem Hauptmann Diego de Rojas mit dreißig anderen Reitern, die Indios zu suchen und weiter zu verfolgen. Er fand sie auch, als sie einen Kanal in der Lagune des Titicaca überquerten. Das ist eine große Lagune von siebzig Leguas Umfang. Viele große Flüsse münden in sie, während sie nur durch einen entwässert wird. Diego de Rojas griff diejenigen an, die den Flusslauf noch nicht überquert hatten und jagte sie in die Flucht. Von denen, die er gefangen nahm, erfuhr er, wie sie den Christen gefangen genommen hatten. Und auch, dass er unterwegs in einem Götzentempel geopfert worden war, bevor sie den Übergang über den Kanal begonnen hatten.

An diesem Übergang gab es eine Brücke aus Balsas. Die Balsas waren aus Schilfrohr gefertigt und miteinander verbunden worden. Dieses Schilfrohr ist wie Zypergras. Aus Furcht, dass die Spanier sie weiter verfolgen könnten, hatten die Indios die Brücke zerstört. Der Hauptmann, der erkennen musste, dass es nichts gab, um diese Brücke zu reparieren, musste auf dieser Seite des Flusses zurückbleiben.

Als Hernando Pizarro eintraf, rief er den Frieden für die gesamte Region aus. Er unterstützte diejenigen, die zu ihm kamen, und im Gegensatz dazu ließ er diejenigen, die rebellierten, einsperren. Am Übergang befahl er, neue Balsas herzustellen. Und durch einen Zufall fand man ein leichtes Holz, dass dafür geeignet war. Dieses hatte Huayna Capac, ein Vorgänger der Inkas, auf den Schultern der Indios mehr als dreihundert Leguas herantransportieren lassen. Er benötigte es, wenn er auf dieser Lagune seine Feste feierte, um damit sein Boot bauen zu lassen. Und von diesem Holz wurde ein großes Floß gebaut, auf dem Hernando Pizarro und fast fünfzehn oder zwanzig Leute Platz fanden. Dann teilten sie sich auf die anderen Flöße aus Schilfrohr auf. Er befahl, dass alle anderen Männer beritten bleiben sollten, weil er befürchtete, dass sich die fünftausend verbündeten Indos in seiner Begleitung mit denjenigen von Atuncollao und mit denen aus den befriedeten Regionen verbünden könnten. Er wollte ihnen jedoch keine Gelegenheit geben, ihn zu täuschen. Als sie sich einschifften, kamen die Indios von der anderen Seite ans Ufer, um den Spaniern die Landung zu verwehren. Sie hatten so viele Bogenschützen und Schleuderer, dass diejenigen, die ruderten, damit aufhörten, um sich vor den vielen Steinen und Pfeilen zu schützen, die auf sie niedergingen. Die Kraft des Wassers trieb die Flöße den Fluss hinab, und das mit solcher Geschwindigkeit, dass die Spanier sie nicht unter Kontrolle bekamen.

Hernando Pizarro tat alles, was er konnte, die verbündeten Indios ruderten, um ans Ufer zu gelangen. Aber die Pfeilschüsse und Steinwürfe waren so zahlreich, dass sie keinen Erfolg hatten. Trotz aller Bemühungen trieben sie flussabwärts. Die Spanier, die mit den Pferden auf der anderen Seite des Ufers zurückgeblieben waren, sahen Hernando Pizarro in dieser großen Gefahr. Einige stürzten sich ins Wasser, weil sie glaubten, sie könnten helfen. Aber durch das Gewicht ihrer Rüstungen konnten ihre Pferde nicht schwimmen. So ertranken acht Pferde mit ihren Reitern. Als die rudernden Indios das sahen, gab es ihnen solchen Auftrieb, dass sie sich mit noch größerem Eifer bemühten und schließlich alle völlig erschöpft das Land erreichten. Hernando Pizarro und alle anderen stiegen sofort aus, fast alle hatten Verletzungen durch die Pfeile oder Steine davongetragen. Die Feinde wurden durch diesen Sieg so übermütig, dass sie laut zu Hernando Pizarro hinüberriefen. Dieser sann jedoch weiter auf Rache für die toten Spanier. So befahl er später am Nachmittag, noch mehr Stämme von diesem leichten Holz zu bringen, welches der Huayna Capac hatte herantransportieren lassen. Am nächsten Morgen hatten sie zwei große Flöße fertig und ließen sie in der Lagune unterhalb der Flussmündung zu Wasser. Dadurch konnte sie die Kraft des Wassers nicht forttreiben. Auch befahl er, dass die verbündeten Indios für sich selbst Flöße bauen sollten.

Mit vierzig Leuten zu Fuß stieg Hernando Pizarro auf eines der großen Flöße und auf das andere stiegen Gonzalo Pizarro und Alonso de Toro mit ihren Pferden. Er sagte ihnen, sie sollten in den Rücken der Feinde gelangen und auf keinen Fall an Land springen, bis er ein Zeichen gab, denn sie sollten nicht die Pferde töten. Hernando Pizarro befahl, dass sich die verbündeten Indios zum Fluss begeben sollten, um auf ihre Flöße zu steigen. Es sollten nicht alle Indios an derselben Stelle landen wie er, denn sie sollten sich verteilen. Gonzalo Pizarro befahl er, erst an Land zu gehen, wenn sie direkt ans Ufer stießen. Damit wollte er verhindern, dass die Pferde getötet werden könnten.

Die Indios, die sahen, wie sie sich aufmachten, drängten mit aller Macht zu der Stelle, an der er landen wollte, um sie gegen ihn zu verteidigen, damit er kein Land gewinnen konnte. In schneller Folge begannen sie, Pfeile zu verschießen und Steine zu werfen. Diese Attacke wirkte wie ein Hagelschauer. Hernando Pizarro war inzwischen dicht ans Ufer gelangt. Als es ihm schien, er würde festen Boden haben, sprang er ins Wasser, um die anderen mitzureißen. Er versank bis zur Brust im Wasser. Die anderen, die ihn in solcher Gefahr sahen, sprangen ebenfalls in das Wasser. Darauf befahl er, dass die Flöße umkehren sollten, um die Pferde zu holen, die am anderen Ufer zurückgeblieben waren. Mittlerweile hatten sie das Ufer erreicht, sie kämpften Mann gegen Mann mit den Feinden. Die einen, um sich zu verteidigen und er, um sie zu bezwingen. Der Kampf wogte unentschieden hin und her.

Da erreichte Gonzalo Pizarro seinen Waffengefährten und brachte vor allem die Pferde mit. Die verbündeten Indios ließen jetzt so viele Flöße zu Wasser, dass sich die Feinde teilen mussten, um alle Abschnitte des Ufers verteidigen zu können. Sie konnten nicht länger Widerstand leisten und das Ufer halten, darum wandten sie sich zur Flucht. Die Holzflöße wurden nun mit großer Eile gefahren, um die Pferde überzusetzen. Weil hier die Mündung des Flusses war, verengte sich die Lagune. Dadurch konnten viele Spanier zu Fuß den Fluss durchwaten und weil sie durch die Rüstungen geschützt waren, konnten sie nicht verwundet werden. Auf diese Art kamen die Pferde und die verbündeten Indios auf die andere Seite. Sie setzten die Verfolgung der Fliehenden noch drei Leguas fort. Es war dort ein sehr flaches Land, auf dem die Reiterei sehr gut vorankam, wodurch es ein großes Massensterben der Gegner gab. Die gefangengenommenen Indios wurden für die Opferung des Christen bestraft. Später zog Frieden ein in alle Dörfer dieses Landstriches. Hernando Pizarro behandelte sie alle sehr gut und wenn einzelne Vertreter zu ihm kamen, wurden auch diese gut behandelt und erzählten es dann den anderen weiter.

Die Krieger der besiegten Indios sammelten sich in der Provinz Charcas mit den dortigen Einheimischen. Diese waren sehr kriegerisch. Sie begaben sich zu einem Gebirgspass direkt am Zugang zu dieser Provinz. Hernando Pizarro befriedete die gesamte Provinz von Collasuyu und die Provinz der Carangas und der Suras, ohne dass er dabei auf Widerstand stieß. Diejenigen, die in Frieden lebten, wurden sehr gut behandelt und er gab ihnen auch von ihren Schätzen etwas zurück. Darüber waren die Indios sehr zufrieden, sie erkannten den Unterschied zwischen der Behandlung im

Frieden und im Kriegszustand und verhielten sich sehr zurückhaltend und freundlich. Alle Häuptlinge dieser Provinzen sprachen zu Hernando Pizarro, weil am Zugang zur Provinz von Charcas viele Krieger lagerten. Sie baten ihn, die geschlagenen Truppen endgültig zu vernichten. Denn wenn diese zurückkehrten, dann würden sie die Bewohner dieser Provinz töten und alles zerstören, weil sie Gehorsam gegenüber den Spaniern gezeigt und den Frieden gehalten hatten. Hernando Pizarro antwortete ihnen, er würde eher sterben als sie schutzlos zurück zu lassen. Aus diesem Grunde würde er das tun, worum sie ihn gebeten hatten. Er versicherte ihnen, dass sie sehr sicher seien, denn sie ständen unter seinem Schutz, er würde den Frieden bewahren. Mit dieser Erklärung waren sie sehr zufrieden. Später machte er sich auf den Weg von dieser Provinz zu einem Tal, das sie Cotabamba nennen. Dort gab es sehr reichhaltige Nahrung und die dortige Bevölkerung konnte sie mit allem Notwendigen versorgen. Als sie dieses Tal mit dessen unebenem Gelände erreichten, trafen sie auf die Indios, die dieses Gebiet verteidigten. Sie konnten den Weg fünf Tage lang halten, weil das Gelände sehr unwegsam war. Erst dann ergriffen sie die Flucht, weil ihnen die Nahrungsmittel ausgingen. Dabei wurden sie zum Kampf gestellt und in die Flucht geschlagen. Die verbündeten Indios nahmen die Verfolgung auf. Aber wegen des sehr unebenen Bodens konnten die berittenen Christen die Verfolgung nicht aufnehmen. So gelangten sie in ein Tal, das sehr fruchtbar war. Aus diesem erhielten alle Menschen der Charca ihre Nahrung. Denn die Berge sind unfruchtbar und in diesem Tal gibt es einen großen Überfluss an allem, was dort wächst.

Wie bereits gesagt, stieg Hernando Pizarro in das Tal hinab. Und an diesem Tag kamen Briefe an, dass der Gouverneur in dieser Stadt wäre. Er war gekommen, um sich umzusehen und in Ruhe das Land zu übernehmen. Auf dem Weg traf er auf die Hauptleute, die Hernando Pizarro ausgesandt hatte, um das Land zu erkunden und zu besiedeln. Er übergab allen ihre Bevollmächtigungen. Er befahl ihnen und beauftragte sie, im Dienste Eurer Majestät zu handeln. Er bevollmächtigte sie dazu, noch mehr Land zu erwerben.

Hernando Pizarro hatte seine Leute ausgelaugt und ermüdet. Es war ihm nicht möglich, so schnell mit ihnen zurückzukehren. Er setzte Gonzalo Pizarro zum Hauptmann aller derjenigen ein, die im Tal zurückblieben, um alle befreundeten Indios zu sammeln und um den Leuten zu ermöglichen, sich von den vergangenen Anstrengungen zu erholen. Er sprach zu ihnen, dass es ihm schien, dass dieses Land sehr rauh und unwegsam sei und dass der Abschied noch rauher wäre als der Einmarsch. Die Menschen dieses Landstriches seien viel schöner und tatkräftiger als irgendwelche anderen. Er fürchtete, dass sie wieder alle Pässe besetzen würden, und wenn dem so wäre, würde es ein sehr schwerer Rückmarsch werden. Nötigenfalls müssten sie sich vereinen, um die Pässe zu gewinnen. Seine Männer sollten jedoch im Tal bleiben, in diesem ebenen Land, das reich genug war, um Unterhalt zu gewähren. Sie sollten in dem Ort Cotabamba bleiben, der sich in der Mitte dieses Tales befindet. Dort sollten sie genug Nahrungsmittel zusammentragen. Außerdem sagte er ihnen zu, dass er sie im Falle einer Belagerung unterstützen würde. Falls er innerhalb von vierzig Tagen keinen Brief von ihnen erhalten sollte, dann wüsste er, dass sie belagert würden und keine Nachricht versenden könnten. In diesem Fall müssten sie solange aushalten, bis er zu Hilfe kommen würde. Damit brach er mit nur sieben Reitern auf.

Das gesamte Land lag im Frieden, deshalb sprach er sehr gnädig zur Menge, als er sich verabschiedete. Auch von Paullu Inka, dem Anführer der verbündeten Indios, nahm er Abschied. So reiste er durch das friedliche Land, überall wurde er von den Einheimischen freundlich begrüßt und bedient. Nach einhundertdreißig Leguas traf er in Cuzco ein. Dort begab er sich zum Gouverneur und sie umarmten sich in brüderlicher Liebe. Alle Einwohner Cuzcos waren über seine Ankunft hocherfreut und weil sie sich so um ihn gesorgt hatten, wurde ein großes Fest ausgerichtet.

Gonzalo Pizarro tat, was ihm Hernando Pizarro befohlen hatte und begab sich in den Ort Cotabamba. Später besetzten die Indios die Pässe und eine riesige Menge an Leuten schloss die Spanier ein. Keinem der Spanier war es möglich, den Ort zu verlassen. Sie verbrauchten viele Nahrungsmittel und Gonzalo Pizarro sandte viele indianische Boten zu Hernando Pizarro, um diesen über die Vorfälle zu informieren. Obwohl einige der Boten gefasst wurden, kam sein Brief dort an. Es schien ein verrückter Einfall, den Ort verlassen zu wollen. Die feindlichen Indios, die sahen, das sich nichts tat, entschlossen sich, den Belagerungsring enger zu ziehen und im Ort anzugreifen. Es waren ihrer fast zwanzigtausend, und das waren nicht einmal viele, denn jeden Tag kamen neue Leute aus der Umgebung dazu. Die Spanier dagegen waren nur vierzig Reiter und dreißig Männer Fußvolk. Gonzalo Pizarro befehligte sie zusammen mit fünftausend verbündeten Indios, die unter seinem Kommando standen. Es schien ihm sehr notwendig, alle Anstrengungen zu unternehmen, die Feinde in die Flucht zu jagen. Er stürzte sich sehr beherzt auf sie und tötete und verletzte viele. Obwohl der

Angriff bald ins Stocken kam, ergriffen die Indios bald die Flucht, weil sie sahen, welche verheerende Wirkung der Angriff auf sie hatte. Auf dem Schlachtfeld blieben vier Spanier und zwölf Pferde verletzt zurück, viele der verbündeten Indios waren tot. Aber die Aufständischen verblieben derart in Angst und Schrecken, dass sie es nicht mehr wagten, sich dem Ort zu nähern, weshalb sie sich auf die weiter entfernt liegenden Wege und Pässe zurückzogen. Derart konnten sie wieder eine große Anzahl von Leuten sammeln. Außerdem benachrichtigten sie Tizu. Dieser war ein Oberbefehlshaber des Inka in dieser Provinz und ein großer Gegner der Christen. In kurzer Zeit versammelte er vierzigtausend Indios und zog mit ihnen vor Cotabamba, um die Spanier erneut zu belagern. Diese verließen nun jede Nacht den Ort und schlichen sich unter die sie belagernden Indios, um so viele wie möglich zu töten.

Der Brief des Gonzalo Pizarro traf hier in Cuzco ein, als Hernando Pizarro mit seinem Bruder, dem Gouverneur, Gespräche führte und sich darauf vorbereitete, abzureisen, um alles Eurer Majestät zu berichten. Er erkannte die Not, in der sich Gonzalo Pizarro befand und machte sich noch am nächsten Tag mit seinen Leuten auf den Weg. Darunter befanden sich fünfundvierzig Reiter. Der Gouverneur brach nach ihm auf. Die meisten Bürger wollten ihn zur Umkehr bewegen, weil der Inka noch in der Nähe war und dies ein Grund wäre, die Stadt Cuzco besser nicht zu verlassen. Er sollte lieber den Befehl über eine Abteilung übernehmen und den Inka bekämpfen. Schließlich gab er ihnen Recht.

So wurde der Offizier Illan Juarez de Carvajal beauftragt, gegen den Inka zu ziehen. Dieser hatte sich auf einem Felsen am Fluss Vilques verschanzt. Als der Offizier den Fluss erreichte, befahl er einem Hauptmann der Fußtruppen, die Brücke zu besetzen. Er selbst begab sich auf die Anhöhe der Sierra und übermittelte dem besagten Hauptmann, dass er sich auf keinen Fall von der Brücke fortbewegen dürfte, bevor er selbst ihm nicht die Erlaubnis dazu erteilen würde. Der Hauptmann wusste durch die verbündeten Indios, dass der Inka nur wenige Männer bei sich hatte. Aus Gewinnsucht, um den Inka selbst festzunehmen und den Sieg allein zu erringen, begann er, mit seinen Leuten die sehr steile Anhöhe zu erklimmen. Sie wurden von zweihundert Indios begleitet. Trotzdem wurden sie auseinandergetrieben und der Hauptmann wurde zusammen mit dreiundzwanzig von seinen Leuten getötet. Einige kamen nur durch großes Glück davon. Der Inka flüchtete anschließend auf dem Weg nach Huamanga, denn er wusste, dass der Offizier auf der anderen Seite die Höhe herauf stieg. Als dieser erfuhr, dass der Inka die Flucht ergriffen hatte und die Spanier geschlagen worden waren, wobei einige noch ihr Leben gelassen hatten, ergriff ihn großes Mitgefühl. Dann begab er sich auf den Weg, den Inka zu verfolgen. Gleichzeitig informierte er den Gouverneur über den Vorfall. Auch dieser bedauerte das Geschehen und machte sich mit einigen Leuten auf die Suche nach dem Offizier. Gemeinsam machten sie sich dann an die Verfolgung des Inka. Dieser hatte sich in die Berge von Huamanga zurückgezogen. Um alle Pässe sperren zu können und um die Wege zu unterbrechen, entschloss sich der Gouverneur, einen Ort zu gründen. Dort wurden vierzig Bürger stationiert. Außerdem sandte er von Cuzco und aus Ciudad de los Reyes weitere Leute zur Besiedlung des Ortes.

Zu dieser Zeit kam Ceballos mit den Depeschen Eurer Majestät. Deshalb kehrte der Gouverneur hierher nach Cuzco zurück. Dann sandte er einen Hauptmann mit einigen Bürgern dieser Stadt aus, um den Huillauma zu verfolgen. Dieser befand sich in der Provinz von Condesuyo. Sie konnten jedoch nichts ausrichten, denn die Flüsse waren sehr stark angeschwollen.

Nachdem sich Hernando Pizarro aus der Stadt Cuzco entfernt hatte, eilte er sehr schnell, so dass er nach kurzer Zeit Paria erreichte. Dieses Tal befindet sich zwölf Leguas von Cotabamba entfernt. Von den Kriegern, die ihn begleiteten, erfuhr er, dass auf dem Königsweg, auf dem man in das Tal kam, etwa zwölftausend Indios die Pässe bewachten. Er musste nun sehr vorsichtig sein. Bevor er in das Tal eindrang, musste er wissen, wo die Krieger standen.

Nun wusste er, dass sie den Weg besetzt hielten und dass es unmöglich war, unbemerkt hindurchzukommen. Deshalb fasste er den Beschluss, fünfzehn Reiter zurückzulassen, die besonders erschöpft waren. Mit den anderen dreißig ritt er den ganzen Tag und die ganze Nacht und traf auf die indianischen Anführer und die Krieger, die aus Charcas kamen. Sie waren zu diesem Zeitpunkt etwa fünfzehn Leguas von Cotabamba entfernt. Als die beiden Parteien so plötzlich dicht voreinander standen, ergriffen die Indios Hals über Kopf die Flucht. Als diejenigen, die Cotabamba belagerten, erfuhren, dass ihre Hauptleute geflohen waren, gaben sie die Belagerung auf und verließen ihren Standort. Als Hernando Pizarro dies bemerkte, schickte er nach den fünfzehn Reitern, die er zurückgelassen hatte. Die gesamte Armee von zwölftausend Indios, die den Königsweg besetzt hielt, erkannte, dass die Spanier mitten unter ihnen waren und dass ihre eigenen Anführer geflüchtet waren. Völlig ungeordnet zogen sie sich ins Hochland zurück. Damit waren die Wege wieder frei. Hernando und Gonzalo

Pizarro konnten sich ungehindert vereinen. Aufgrund seines klugen Vorgehens hatte Hernando Pizarro nicht einen einzigen Mann verloren.

Fünf Tage später trafen fünfzig Spanier teils zu Fuß und zum Teil beritten ein, die der Gouverneur zur Unterstützung geschickt hatte. Gemeinsam mit ihnen verließ Hernando Pizarro das Tal in Richtung auf eine Provinz, welche die von Anfares genannt wird. Diese befindet sich in der Nachbarschaft der Charcas. Auf dem Weg kamen ihnen die Kaziken entgegen, die in Frieden zu Spanien standen. Diese erklärten, dass Tizu und alle anderen Anführer des Inka gekommen wären, um Frieden zu schließen. Darüber waren alle sehr verwundert, denn gerade Tizu war der treueste Vasall, den der Inka hatte. Aber die gute Behandlung, die Hernando Pizarro ihnen zuteil hatte werden lassen, hatte ihm jeden Argwohn genommen. Deshalb hatte sich auch Tizu entschlossen, zu Hernando Pizarro zu gehen. In seiner Begleitung waren viele Hauptleute und Kaziken, die Geheimnisse über Gold- und Silberminen bekannt gaben. Die Silberminen sind so gut, dass man aus ihnen das Feinsilber gewinnt. Als Hernando Pizarro den Reichtum dieser Provinz erkannte, schien es ihm sehr wichtig, sie nicht zu verlassen. Deshalb sollten die Männer in seiner Begleitung eine Stadt gründen. Die Christen waren sehr fleißig, das königliche Landgut entwickelte sich gut. Obwohl die Minen von den Indios schon aufgegeben worden waren, entwickelte sich das königliche Gut zu einem gewinnbringenden Unternehmen. So geschah es im ganzen Land. Alle, die eine Mine erhielten, kennzeichneten für Eure Majestät die größte von allen. Diese wurde die Mine von Huainacaba genannt, von dort kommt der größte Teil der Erträge der königlichen Güter.

Hernando Pizarro kehrte nach Cuzco zurück, bei ihm waren Paullu Inca und Tizu mit großer Begleitung. Sie wollten ausziehen, um den Inka zu besiegen. Alle hofften, dass der Inka nach dieser Aktion eingesperrt oder tot sein würde, damit das Land in Ruhe umgestaltet werden könne.

Pedro Anzures kam von seinem Eroberungszug zurück. Das Land war vollkommen unbewohnt und sechzig Spanier waren während der Expedition verhungert. Sie mussten sogar ihre Pferde essen. Zwar hatte er versucht, einen Fluss zu erreichen, von dem er gehört hatte, dass dort Menschen lebten, aber auf allen Erkundungsmärschen hatten sie nur unbewohntes Land vorgefunden. Weil immer mehr Leute gestorben waren, hatten sie sich zur Umkehr entschlossen. So wurden die zurückgekehrten Männer anderen Erkundungstrupps zugeteilt. Beispielsweise begab sich ein anderer Hauptmann mit seinen Leuten in die Provinz Chile, um diese zu besiedeln.

Gonzalo Pizarro ging nach Charcas um einen Ort zu gründen. Der Gouverneur und der Bischof sorgten sich um die Umgestaltung des gesamten Landes, es gab viel Arbeit. Viele wollten ihre Wünsche erfüllt sehen, aber es gab nicht viel zum Aufteilen. Deshalb verteilten sie sich auch an der Küste des Meeres, so gründeten sie im Tal von Arequipa eine Stadt.

Und morgen wird Hernando Pizarro aufbrechen, um Eurer Majestät den Bericht über alles Vorgefallene zu übergeben. Möge unser Herrgott das Wachstum unseres Königreiches beschützen.

Gegeben in der Stadt Cuzco am zweiten April eintausendfünfhundertneununddreißig.

Denkmal für Franzisco Pizarro in Lima.

Blick auf Huaraz und die Cordillera Blanca, nördlich von Lima.

In den Anden. Zwei Ansichten der Cordillera Blanca.

Blicke auf Cuzco.

Zeitgenössische Ansicht von Mexiko-Tenochtitlan (1572).

Zeitgenössische Ansicht von Cuzco (1572).

Franzisco Pizarro (1478–1541).

Die Gefangennahme des Inka Atahuallpa durch Pizarro.

Die Verwundung Juan Pizarros bei der Erstürmung der Festung Sacsayhuaman.

Pisac, unweit von Cuzco. Die Festungsanlage auf dem Berg Pisac im Urubambatal mit künstlich angelegten Terassen zum Feldbau.

Pisac. Typische trapezförmige Türöffnung der Inka-Architektur.

Machu Picchu. Diese Inkastadt wurde von den Spaniern nie entdeckt. Erst der amerikanische Archäologe Hiram Bingham entdeckte sie 1911 wieder.

Inkaisches Mauerwerk, hier in Machu Picchu.

Zwei Ansichten der Festung Sacsayhuamán oberhalb von Cuzco.

Zwei Ansichten der Festung Sacsayhuamán oberhalb von Cuzco.

Die Landschaft im Gebiet südlich des Titicacasees.

Zur Reihe
COGNOSCERE HISTORIAS

Um der nach wie vor herrschenden Intoleranz und dem Unverständnis gegenüber Angehörigen anderer Völker und Kulturen mit den Mitteln der Wissenschaft zu begegnen, wurde vor einigen Jahren die Buchreihe COGNOSCERE ins Leben gerufen. Dahinter stand die Überlegung, mit der Kenntnis von der Geschichte, vor allem über die Wurzeln des Rassismus und über die historischen Ursachen der Unterentwicklung, nach Wegen und Möglichkeiten zu suchen, um diese schrecklichen Phänomene mit intellektuellen Mitteln einzuschränken.

Der Herausgeber der Reihe und seine Mitstreiter waren davon überzeugt, daß man letztlich der Angst vor oder der auf rassistisch begründeten Vorurteilen beruhenden Abneigung gegenüber dem Anderen am besten begegnen kann, wenn man in der Vergangenheit nach ihren Wurzeln sucht. Denn in der Geschichte liegen häufig die Ursachen für die kognitiven Probleme, die die Europäer mit den Vertretern fremder Kulturen haben. Diesem Anliegen zu dienen hat mit diesem Band nun ein anderer Verleger, Dr. Wolfgang Weist, übernommen. In seinem Berliner tra*fo* verlag wird die Reihe unter dem Titel COGNOSCERE HISTORIAS fortgeführt.

Frei übersetzt heißt COGNOSCERE HISTORIAS so viel wie »in der Geschichte entdecken«, »durch Geschichte kennenlernen«, »mit Hilfe der Geschichte wahrnehmen«, »mit Geschichte verstehen«. Die bislang in der Reihe erschienenen und zukünftigen Bände stammen von Forschungsreisenden, Missionaren, Kolonialbeamten, Wissenschaftlern, Seeleuten, Händlern, Diplomaten, Abenteurern und anderen Menschen, die in der Vergangenheit in Übersee mit einer anderen Kultur konfrontiert wurden und dabei mit dem neuen Phänomen mehr oder minder geschickt umzugehen verstanden. Sie machten ihre positiven, wie negativen Erfahrungen und hielten diese, zu welchen konkreten Zwecken auch immer gedacht, für die Nachwelt fest. Aus der historischen Distanz wird oft recht deutlich, wie Vorurteile, die sich bis heute im Bewusstsein weiter Teile der europäischen Bevölkerung halten, entstanden sind.

Häufig landeten solche Berichte, wenn sie denn überhaupt erhalten geblieben sind, in den Tiefen der Archive. Zuweilen wurden die Beschreibungen von fremden Ländern und Völkern, vor allem die im 19. Jahrhundert entstandenen, auch veröffentlicht, oftmals sogar in mehreren andere Sprachen übersetzt. Sie hatten zu ihrer Zeit einen unterschiedlichen Verbreitungs- und Reflektionsgrad. Allen in der Reihe COGNOSCERE zum Abdruck gelangten Manuskripten ist jedoch gemein, dass sie sowohl von grossem wissenschaftlichen Wert als auch von allgemeinem Interesse sind. Nur die wenigsten der in den vergangenen Jahrhunderten verfassten Berichte sind dem interessierten Leser heute bekannt. Freilich kennen die Liebhaber der sogenannten Reiseliteratur eine ganze Reihe solcher Schriften. Aber deren Bekanntheitsgrad geht darüber kaum hinaus. COGNOSCERE HISTORIAS will mehr. Die Bände dieser Serie sollen sowohl eine möglichst breite Öffentlichkeit ansprechen als auch für die verschiedensten Disziplinen der sozialwissenschaftlichen Forschung historische Quellen aufbereiten.

Darüber hinaus lassen die meisten von ihnen einen wissenschaftsgeschichtlichen als auch einen kulturhistorischen Wert erkennen und verdienen schon aus diesem Grunde der Offenlegung der Wurzeln der interkulturellen Kommunikation ihre »Wiederentdeckung«.

Einen wichtigen Stellenwert bei der Herausbildung und Prägung des europäischen Bildes vom Fremden, von den Menschen in Übersee und der Vielfalt ihrer Kulturen nehmen diejenigen Berichte ein, die von Entdeckungsreisenden angefertigt wurden. Im 19. Jahrhundert durchstreiften die europäischen Reisenden alle Teile der Welt und hielten ihre Eindrücke oftmals auf Papier fest. Ihre Motive waren in der Regel ein Gemisch aus Neugier, Forscherdrang, Auftragsforschung, imperialer Geltungssucht und christlichem und/oder kolonialem Sendungsbewusstsein. Unter oftmals großen persönlichen Entbehrungen, Gefahren für Gesundheit und Leben, bereisten sie Gebiete, die auf den Landkarten jener Jahre noch als weiße Flecken vorhanden waren. Selbst aus denjenigen Niederschriften, die von Europäern stammten, die meinten, eine Kulturmission erfüllen zu müssen, können wir heute unter Berücksichtigung der notwendigen Quellenkritik ersehen, wie damals der »Kulturkontakt« vonstatten ging, wie und warum rassistische Vorurteile begründet wurden oder wie man schon frühzeitig dagegen vorging.

Es wird beim Lesen der bislang elf erschienenen Bände der COGNOSCERE-Reihe durchaus möglich sein, zu erfahren, wie in der Geschichte mit den Problemen des Zusammentreffens von Angehörigen verschiedener Völker und des gegenseitigen Verständnisses umgegangen worden ist. Da gab es kein zu übertragendes Schema. Aber Erfahrungswerte, die heute allerdings weitgehend verschüttet sind. Neben Missachtung und Zerstörung von kulturellen Werten, ja der Ausrottung ganzer Ethnien, hat es in der überseeischen Geschichte auch immer wieder Menschen gegeben, die nicht nur diese Vorgehensweisen mehr oder minder wirksam oder spektakulär verurteilten, sondern auch solche, die durch ihr alltägliches Leben zeigten, dass es auch andere Möglichkeiten und Formen des Zusammenlebens gibt. Wieder Andere bemühten sich, durch öffentliches Wirken Verständnis für die fremden Kulturen zu erwirken.

In der Reihe COGNOSCERE HISTORIAS werden auch solche Texte Berücksichtigung finden, die aus der Feder der Partner des europäischen Kulturkontaktes stammen oder zumindest versuchen, ihren Blick auf diese mehr oder minder dauerhaften Beziehungen zu werfen. Naturgemäß gibt es von solcher Art historischer Quellen leider nur sehr wenige. Darüber hinaus finden in der Reihe auch solche Bücher Berücksichtigung, die als »wissenschaftshistorische Klassiker« über die Begegnung der Kulturen referieren.

Um dem heutigen Leser bei der Orientierung behilflich zu sein, um ihm Erläuterungen zeitgenössischer oder fremder Begriffe und Sachverhalte anzubieten, sind die Originaltexte von kompetenten Wissenschaftlern bearbeitet worden. Die Authentizität der historischen Berichte wird in den Bänden von COGNOSCERE HISTORIAS beibehalten. Die Bearbeiter der Texte wollen mit ihren einführenden Bemerkungen und der Kommentierung Brücken in die Vergangenheit schlagen.

Mit dem Band 12 der Reihe wird von dem Historiker Dr. Mario Koch erstmals ein Manuskript vorgestellt, welches nicht nur das erste von COGNOSCERE HISTORIAS ist, welches sich mit einem Thema des amerikanischen Kontinents befasst, sondern durch seine Handlung in der ersten Hälfte des 16. Jahrhunderts bislang auch den zeitgeschichtlich frühesten Inhalt vorweist – den Report eines unbekannten spanischen Chronisten, der die Eroberung des Inka-Reiches aus den Jahren 1536 bis 1539 beschreibt. Die Schilderungen des Anonymus geben einen guten Überblick über den Widerstand der indianischen Urbevölkerung aus der Sicht der europäischen Eroberer. Geschrieben wurde der Bericht als Rechtfertigung der

Taten Hernando Pizarros. So ist nicht zu verkennen, dass dessen Rolle in den militärischen Auseinandersetzungen des öfteren sehr stark übertrieben dargestellt wird. Dennoch besitzen die Aufzeichnungen einen kaum zu beziffernden historiographischen Wert, bieten sie doch einen (aus spanischer Sicht) nicht sehr häufig anzutreffenden authentischen Überblick über Ereignisse, die direkt in die Bürgerkriege der spanischen Konquistadoren mündeten. Das bedeutungsvolle Zeugnis aus der Zeit der Eroberung Amerikas wurde erst im 19. Jahrhundert im Indienarchiv in Sevilla entdeckt und bisher nur im spanischen Original veröffentlicht. Mario Koch hat diesen Text ins Deutsche übertragen und für den heutigen Benutzer in eine lesbare sprachliche Version gebracht. Der neue Start der Editionsreihe COGNOSCERE HISTORIAS beginnt somit mit einem wichtigen, für den interessierten Leser spannenden und für den Wissenschaftler aufschlussreichen Dokument.

Ulrich van der Heyden
Herausgeber der Reihe COGNOSCERE HISTORIAS
Berlin, September 2000

Anmerkungen zum Originaltext

S. 21 Hernando Pizarro
(um 1478–1557), Bruder des Franzisco Pizarro, kehrte 1533 in dessen Auftrag nach Spanien zurück (Ankunft 09. Januar 1534). Anschließend reiste er wieder nach Peru und begab sich im Auftrag seines Bruders nach Cuzco (1535).

S. 21 Eurer Majestät
Das Schreiben ist an den spanischen König Karl I. (gleichzeitig als deutscher Kaiser Karl V.) bzw. die spanische Regentin Isabel de Portugal (1503 –1539) gerichtet. Diese hatte in den Jahren 1528, 1529–1533, 1535/36 und 1538/39 als Regentin (Gobernador de Reino) in Abwesenheit Karls I. die Regierungsgeschäfte übernommen.

S. 21 Los Reyes
Gemeint ist die von Franzisco Pizarro am 18. Januar 1535 gegründete Stadt Ciudad de los Reyes, das heutige Lima.

S. 21 Gouverneur
Der Gouverneur und Generalkapitän von Neukastilien Franzisco Pizarro (um 1475–26. Juni 1541).

S. 21 der Inka
Gemeint ist der Inka Manco Inca Yupanqui, der im Oktober 1533 mit Pizarro die Allianz von Jaquijaguana geschlossen hatte.

S. 21 Juan Pizarro
(1505–1536), Bruder des Franzisco Pizarro.

S. 21   Gonzalo Pizarro
(um 1511–1548), Bruder des Franzisco Pizarro.

S. 21   Kazike
Bezeichnung für einen indianischen Würdenträger, im Sinne eines Häuptlings zu verstehen. Der Begriff wurde aus der Sprache der Indianer Haitis entlehnt, und von den Spaniern für alle Häuptlinge im gesamten lateinamerikanischen Raum verwendet. Im peruanischen Gebiet war der Begriff Curaca gebräuchlich, womit Häuptlinge bezeichnet wurden. Gleichzeitig bildeten die Curaca die unterste Schicht des inkaischen Adels.

S. 21   türkische und französische Kriege
Der spanische König und deutsche Kaiser Karl V. führte gegen seine Nachbarn Kriege, die Unsummen von Geld verschlangen. So mussten die Kämpfe gegen den in türkischen Diensten stehenden Chaireddin Hyzyr-Reis (genannt Barbarossa) ebenso finanziert werden wie die Kriege gegen Frankreich (1521–1526, 1527–1529, 1536–1538 und später 1542–1544). Als die Schätze aus Peru im Dezember 1533 und Januar 1534 in Sevilla eintrafen, wurde alles Privatpersonen gehörende Edelmetall sofort beschlagnahmt und der kaiserlichen Schatzkammer zugeführt.

S. 22   Collao
Region südlich von Cuzco.

S. 22   Huillauma
oder Villahoma, Bezeichnung für den ranghöchsten geistlichen Würdenträger des Inkareiches, den Oberpriester der Sonne. Die Sonne galt als oberste Gottheit des Inkareiches. Der Inka als Sohn der Sonne genoss im Reich den höchsten Respekt. Der Oberpriester der Sonne war sein Stellvertreter in religiösen Fragen. Der eigentliche Name dieses Priesters, der in der peruanischen Geschichte eine große Rolle spielte, ist leider unbekannt.

S. 22   Adelantado
Statthalter

S. 22   Diego de Almagro
(1472–1538), Partner des Franzisco Pizarro, verbündete sich mit diesem und dem Priester Hernando de Luque zur Eroberung Perus. Almagro hatte

am 3. Juli 1535 Cuzco in Richtung Süden verlassen, um sein eigenes Einflussgebiet zu erobern.

S. 22 Paullu
Paullu Inca, der Bruder des amtierenden Inka Manco, war ursprünglich von den inkaischen Adeligen als Inka favorisiert worden.

S. 22 Häuser der Sonne
Der Tempel der Sonne, der Coricancha, war der Haupttempel der Stadt Cuzco. Ihm angegliedert waren die Häuser der Sonne, das waren Wirtschafts- und Unterkunftsräume; ähnlich wie in einem europäischen Kloster.

S. 22 Tal von Yucay
Tal in der Nähe der Hauptstadt Cuzco, etwa fünf Leguas nördlich der Stadt. Dort lagen die Güter des Inka und im dortigen Tempel wurden die Eingeweide der verstorbenen Inka aufbewahrt. Deren Mumien dagegen wurden im Sonnentempel in Cuzco verwahrt.

S. 23 Leguas
Spanisches Längenmaß, eine Legua entspricht 5.572,7 Metern (alte Legua), ab 1766 galt die neue Legua, in den lateinamerikanischen Ländern gab es noch abweichende Maße: ca. 4.200 m.
Für die Chronik müssen wir jedoch davon ausgehen, dass der Verfasser die alte Legua meint.

S. 23 Getränk mit Mais
Gemeint ist das Maisbier, es wurde aus den Stengeln der Maispflanze gewonnen.

S. 25 Provinzen Chinchasuyo, Collasuyo, Condesuyo und Andasuyo
Die Inka bezeichneten ihr Reich als das der vier Weltgegenden (Tahuantinsuyu). Jede Himmelsrichtung hatte ihren Namen: Chinchasuyo stand für den Norden, Collasuyo für den Süden, Condesuyo (auch Cuntisuyo) war der Westen, Andasuyo (auch Antisuyo oder Andesuyo) der Osten. Im Text wird mit diesen Provinznahmen auch die Himmelsrichtung bezeichnet (vgl. unten).

S. 25   zwanzigtausend Indios
Hier und auch auf den folgenden Seiten sollten die Zahlenangaben über die Stärke der indianischen Heere nicht für bare Münze genommen werden. Generell neigen die spanischen Chronisten bei der Angabe der Feinde zu Übertreibungen. Nicht nur, um sich selbst in ein besseres Licht zu stellen, auch bedingt durch die Situation; denn wenn in einem unübersichtlichen Gelände eine Unmenge von feindlichen Kriegern steht, können die Schätzungen durchaus weit über den reellen Zahlen liegen.

S. 26   Caudillo
Spanischer Edelmann.

S. 26   befreundete Indios
Die indianischen Verbündeten der Spanier, es handelte sich um ethnische Gruppen, die sich der Herrschaft der Inka widersetzten und mit den Spaniern zusammen gegen diese kämpften.

S. 26   Festung
Die inkaische Festung Sacsayhuaman oberhalb der Stadt Cuzco.

S. 27   Chinchasuyo, Andesuyo, Condesuyo, Collasuyo
Die Stadt Cuzco war in vier Stadtviertel aufgeteilt. Diese wiederum wurden in zwei große Stadtteile zusammengefasst. Diese wurden Hanansaya und Hurinsaya genannt. Hanansaya wurde in Chinchasuyo und Andesuyo geteilt. Hurinsaya umfasste die beiden Teile Collasuyo und Condesuyo. Chinchasuyo und Andesuyo lagen im nördlichen Teil Cuzcos, Collasuyo und Condesuyo dagegen im südlichen Teil der Stadt. In etwa geben diese Viertel auch die Himmelsrichtung wieder (vgl. oben).

S. 27   Collao, Canches, Tambo
Ortschaften in der näheren Umgebung der Hauptstadt Cuzco.

S. 27   Johann Ante-Portam-Latinam
Die genaue Tagesbezeichnung läßt eine nachträgliche Datierung zu: Johannis ante portam latinam ist ein feststehendes Datum im christlichen Kalenderzyklus und fiel im Jahre 1536 auf den 6. Mai.

S. 28   Generaloberst
Der Generaloberst (capitan general) war der höchste militärische Rang in einer spanischen Armee. Der Begriff wird vom Chronisten fälschlicherweise auf den indianischen Befehlshaber übertragen.

S. 29   es dämmerte
Im Dunklen kämpften die Indianer normalerweise nicht. Während der Dunkelheit hatten die Spanier also Gelegenheit, unbeeinträchtigt von Kampfhandlungen ihre Schanzarbeiten durchzuführen.

S. 29   Almagros Erhebung
Hier verwechselt der Briefschreiber etwas, denn Almagro kehrte erst im März 1537 nach Cuzco zurück und belagerte die nunmehr durch die Spanier kontrollierte Stadt. An dieser Stelle wird deutlich, wie durch das Ziel der Schrift, nämlich die Rolle Hernando Pizarros ins rechte Licht zu rücken, die historischen Tatsachen verändert werden. Aber die Bemerkung über die negative Rolle Almagros passte gut in diese Rede hinein.

S. 31   Königsweg
Gemeint ist der heute so genannte Inka-Pfad, ein befestigter Weg, der sich durch das gesamte Inkareich zog. Die Spanier nannten ihn den königlichen Weg (»camino real«) oder auch Königsweg.

S. 33   Königreich
Zu diesem Zeitpunkt gehörte Peru noch zum Vizekönigreich Neuspanien, erst 1544 wurde das Vizekönigreich Peru gegründet.

S. 36   Indios und Indias
Im Spanischen gibt es auch eine weibliche Version des Begriffes Indio. Somit wird zwischen männlichen (Indio) und weiblichen (India) Indianern unterschieden.

S. 36   Menschenopfer
Leider gibt der Autor keine genaueren Angaben über seine Kenntnisse der religiösen Bräuche im Inka-Reich. Heute wissen wir, dass unter der Ägide der Inka auch Menschenopfer dargebracht wurden. Besonders bekannt sind die geopferten Jungfrauen auf den Andengipfeln, deren Mumien sich bis in die heutige Zeit erhalten haben und von denen ein Exemplar in Amerika genau so berühmt wurde wie der Ötzi in Europa.

S. 40 Schafe
Damit sind die Lamas gemeint, die von den Spaniern als Schafe bezeichnet wurden. Zu diesem Zeitpunkt hatten die Spanier noch nicht genügend europäisches Vieh nach Peru eingeführt.

S. 40 Tiger und Löwen
Damit dürften Jaguare und Ozeloten gemeint sein, die aus dem Dschungel auf der anderen Seite der Anden stammten.

S. 41 Peones
Eigentlich der spanische Ausdruck für Bauern, hier ist das einfache Fußvolk gemeint, das sich aber auch vorwiegend aus ehemaligen Bauern und Tagelöhnern zusammensetzte.

S. 45 Sieg Seiner Majestät
Cheireddin (auch als Barbarossa bekannt), ein berüchtigter Piratenfürst, hatte Algerien unterworfen und sich 1519 dem türkischen Sultan unterstellt. Er unterwarf Tunis und unternahm von dort Piratenzüge im gesamten Mittelmeer. 1535 landete der spanische König Karl I. an der Küste von Tunis und erstürmte Goletta (das heutige Tunis-La Goulette). Barbarossa zog sich nach Konstantinopel zurück und operierte nunmehr als osmanischer Admiral im Mittelmeer.

S. 45 indische Angelegenheiten
Aufgrund des Irrtums des Kolumbus, der glaubte, in Indien gelandet zu sein, wurde das heutige Amerika von den Spaniern als Indien bezeichnet; man sagte auch beide Indien, um Mittel- (speziell Mexiko) und Südamerika (speziell Peru) deutlich zu machen. Die Ureinwohner erhielten den Namen Indios – also Inder. Im heutigen Spanisch benutzt man den Begriff Amerindio, um die amerikanische Urbevölkerung deutlich zu bezeichnen.

S. 47 Yanacona
Spanische Aussprache des Begriffes yanacuna. Bei diesen Personen handelt es sich um indianische Arbeitskräfte, die aus dem Verband der Dorfgemeinschaft herausgelöst worden sind, um besondere Aufgaben zu erfüllen. Sie erfüllten meist die Funktionen von Dienern oder sie hatten im Auftrag des Inka besondere Arbeitsleistungen (Straßenbau) zu erfüllen.

S. 48   Vecino
Spanischer Ausdruck für einen Stadtbürger.

S. 56   Galeone
Typbezeichnung für ein Segelschiff. Wurde Anfang des 16. Jahrhunderts im Mittelmeerraum entwickelt. Die Schiffe, die von den Spaniern im Pazifik, also auch vor Peru eingesetzt wurden, mussten alle in Amerika gebaut werden, weil zu diesem Zeitpunkt weder der Panamakanal existierte, der eine Duchfahrt erlaubt hätte; noch wurde die Passage um Feuerland herum genutzt. Gebaut wurden die Schiffe vorwiegend in Nicaragua, im Ort Realejo. Andere Schiffbauzentren in Mittelamerika waren Tehuantepec (Mexiko), Iztapa (Guatemala), Ajacutla (Guetemala).

S. 57   Alonso de Alvarado
Der Hauptmann zog im Juli 1535 mit 300 Spaniern nach Nordperu in das Gebiet der Chachapoya.

S. 57   Chachapoya
Ethnische Gruppe im Norden Perus. Heute gibt es dort eine Stadt gleichen Namens.

S. 57   Angriff auf Ciudad de Los Reyes
Mitte August 1536 begann unter der Führung von Quizu Yupanqui der Angriff der indianischen Kampftruppen, die vorher das zentrale Hochland besetzt gehalten hatten, auf Ciudad de Los Reyes. Die Angaben über die Stärke dieser Streitmacht schwanken zwischen 20.000 und 50.000 Kämpfern. In der Stadt standen ihnen etwa 500 Spanier und eine große Anzahl indianischer Hilfstruppen gegenüber. Beispielsweise erhielt Franzisco Pizarro von seiner indianischen Schwiegermutter mehr als 4.000 Krieger zur Unterstützung.

S. 59   Puerto Viejo
Gonzalo de Olmos kam aus Nikaragua, über den dortigen Hafen Puerto Viejo, nach Peru.

S. 64   einen Brief
An dieser Stelle wird deutlich, dass der Verfasser einige Geschehnisse durcheinanderbringt oder im nachhinein seinem Ziel entsprechend interpretiert.

Noch vor dem ersten Kontakt zwischen dem von seinem erfolglosen Chile-Zug zurückkehrenden Almagro und den in Cuzco stationierten Spaniern bekommt Almagro einen Brief, in dem ihn der Gouverneur Franzisco Pizarro (der zu diesem Zeitpunkt in Los Reyes sitzt und keinen Kontakt mit den Spaniern in Cuzco hat) darauf hinweist, dass er nicht gegen seine ehemaligen Kampfgefährten um den Besitz des Landes kämpfen soll. Hier wird eine spätere Erkenntnis vorweg genommen, um die Rolle des Adelantado Diego de Almago als Gegner der königlich abgesegneten Ordnung besonders zu betonen.

S. 66 Decken, wie die Indios sie zu tragen pflegen
Pizarro nutzt hier das Prinzip, Leistungen mit Naturalien zu würdigen, so wie es bei den Einheimischen üblich war. Er bezahlte den Boten also nicht mit Goldstücken, wie sie ein Spanier sicher verlangt hätte. Der verwundete Indio erhielt einige Decken aus indianischer Produktion, diese waren vorher entweder geraubt worden oder als Tribut in die Hände der Spanier gelangt.

S. 67 Repartimientos
Zuweisung indianischer Arbeitskräfte an spanische Konquistadoren für zeitweilige Arbeiten.

S. 69 Lizentiat
(lat.: licentiatus, der mit einer Erlaubnis Versehene), akademischer Grad mit Lehrbefugnis. Kirchliche Würdenträger mit diesem Titel leisteten damals häufig Dienste als Berater und Parlamentäre.

S. 76 Castellaños
Alte spanische Währungseinheit, Goldstück.

S. 80 Frauen, die der Sonne dienten
Die Jungfrauen der Sonne lebten in den Tempeln und verrichteten dort auch Arbeiten wie das Weben. Ihre Arbeitsleistungen dienten direkt dem Inka als Sohn des Sonnengottes.

S. 81 Faktor
Ein Agent oder Bevollmächtigter.

S. 81   Audiencia von Española
Die Audiencia war die für die Kolonien zuständige königliche Verwaltung mit der juristischen Hoheit. Die Audiencia von Española (heute Haiti) war anfangs noch für Peru zuständig, bis 1544 das Vizekönigreich Peru gegründet wurde.

S. 82   Alcalden und Regidores
Ortsrichter und Ratsherren

S. 83   Treffen am Río Mala
Das Treffen fand am 13. November 1537 statt. Unter den Augen des Mercedarier-Mönches Francisco de Bobadilla trafen sich die beiden ehemaligen Partner, ohne sich jedoch einigen zu können. Am 20. November wurde eine Einigung dahingehend erzielt, dass die Stadt Cuzco so lange im Besitz Almagros bleibt, bis der Indienrat eine Entscheidung gefällt hat, in wessen Herrschaftsbereich sie tatsächlich liegt. Hernando Pizarro wurde freigelassen, sollte aber binnen sechs Wochen das Land verlassen und sich nach Spanien begeben.

S. 86   Bedarf an Waffen oder Pferden oder Hufeisen
Die Konquistadoren mussten sich selbst ausrüsten, nur wer über die finanziellen Mittel verfügte, sich ein Pferd zu kaufen, konnte in der Kavallerie dienen. Auch für die Ausrüstung mit Waffen waren die einzelnen Soldaten selbst verantwortlich. Oft erhielten die Soldaten auch Unterstützung von den Anführern der Eroberungszüge, mussten diese Leistungen dann aber mit ihrem Gewinn aus Eroberungszügen wieder abgelten.

S. 92   nicht mehr als 100 Leute
Diese Stelle zeigt, wie leichtfertig der Autor mit Zahlen umgeht, denn nur kurz vorher berichtet er, dass Hernando mit 50 Männern aufbricht. Möglicherweise zählten aber auch indianische Verbündete in ihrer Begleitung, die bei der Nennung der ersten Zahl überhaupt nicht berücksichtigt wurden, an dieser Stelle aber mitgezählt werden.

S. 93   Salinas
Gebiet östlich von Cuzco.

S. 93 Artillerie
Hier ist nicht eine Abteilung mit Kanonen gemeint, sondern die Schützen mit den Feuerwaffen, sprich den Arkebusen. Zu dieser Zeit wurden auch die Handfeuerwaffen als Artillerie bezeichnet.

S. 97 Angebote
Es wird nicht deutlich, welcher Art die Angebote waren (Geld, Posten oder sonst etwas).

S. 100 Inspektor
Ein Beamter, der die Gemeindeversorgung kontrolliert (historisches Hofamt).

S. 100 Atuncollao
Gegend südlich von Cuzco, an der Grenze zum Collasuyo gelegen. Hernando Pizarro zog im August 1538 gegen die Lupaca. Durch deren Niederlage am Desaguadero-Fluss erlitten die Pläne von Tizu, der einen großen Aufstand in diesem Gebiet vorbereitete, einen schweren Schlag. Hernando zog nach seinem Sieg sofort gegen Tizu, der sich zweimal weit nach Süden zurückziehen musste, um der Gefangennahme zu entgehen. Schließlich gelang es Paullu, ihn zur Kapitulation zu bewegen. Im März 1539 kam Tizu als Gefangener nach Cuzco.

S. 101 Balsas
Am Titacacasee wurden Boote aus Schilfgras hergestellt. Diese Boote dienten dann auch als Unterlage für eine Art von Pontonbrücken.

S. 101 Zypergras
Der Autor meint damit sicher den Vergleich zum Papyrus, der den Spaniern bekannt war und zur Art der Zypergräser gehört. Dieser Vergleich hängt auch mit dem Versuch Thor Heyerdals zusammen, den Atlantik mit Papyrusbooten zu überqueren. (Zwei Ra-Expeditionen 1969/70 von Afrika nach Amerika.)

S. 101 Huayna Capac
Der Inka Huayna Capac regierte etwa von 1493 bis 1524 oder 1527. Unter seiner Herrschaft wurden die Grenzen des Inkareiches ausgedehnt. Huayna Capac war jedoch nicht der Vorgänger der Inkadynastie, sondern der Va-

ter von Atahuallpa und Huascar, den sich bekämpenden Inka zur Zeit des Einmarsches von F. Pizarro.

S. 103 Charcas
Gebiet südlich des Titicacasees (im Collasuyo).

S. 103 Collasuyu und die Provinz der Carangas und der Suras
Das Collasuyo war der südliche Teil des Tahuantinsuyu. Seine nördliche Grenze lag etwa 150 Kilometer nördlich des Titicacasees, im Süden reichte Collasuyo bis an das heutige Chile. Im Collasuyo befanden sich die Provinzen Charcas, Carangas, Soras (Suras), Lupacas, Collas, Canches und andere.

S. 104 Häuptlinge
Im Text werden sie als Señores, also Herren, bezeichnet. In den Chroniken dieser Zeit steht die Bezeichnung Herren aber gleichzeitig für die indianischen Häuptlinge, die ja die Herren ihrer Gemeinschaft waren.

S. 104 Cotabamba
Auch Cochabamba, Ort in der Provinz Charcas, etwa 200 Kilometer südlich des Titicacasees.

S. 108 Chile
Pedro de Valdivia zog 1539/40 bis nach Zentralchile und gründete 1541 die Stadt Santiago.

Ausgewählte weiterführende Literatur zur Geschichte des Inkareiches

Louis Baudin: Das Leben der Inka. Die Andenregion am Vorabend der spanischen Eroberung. Manesse Bibliothek der Weltgeschichte, Zürich 1987

Marilyn Bridges: Planet Peru. Reise über ein zeitloses Land, Frankfurt 1991

Michael D. Coe (Hrsg.): Weltatlas der Alten Kulturen: Amerika vor Kolumbus, München 1986

Liselotte und Theodor Engl: Glanz und Untergang des Inkareiches, München 1981

Wolfgang Haberland: Amerikanische Archäologie, Darmstadt 1991

Catherine Julien: Die Inka. Geschichte, Kultur, Religion, München 1998

Friedrich Katz: Vorkolumbische Kulturen. Die großen Reiche des Alten Amerika. München 1969

Mario Koch: Die Rolle Mittelamerikas (insbesondere Nicaraguas) bei der Eroberung des Inka-Reiches durch Franzisco Pizarro. In: ametas 8, Heft 2/1993, Sebnitz 1993

Mario Koch: Der militärische Widerstand des Inka-Adels gegen die spanische Konquista. In: Jahrbuch des Museums für Völkerkunde zu Leipzig, Band XL, Münster 1994

Laura Laurencich Minelli: Das Inka-Reich. Entstehung und Untergang, Augsburg 1997

Hanns J. Prem: Geschichte Amerikas, Grundriß der Geschichte 25, München 1989

William Prescott: Die Eroberung Perus, Leipzig 1975

Laurette Séjourné: Altamerikanische Kulturen, Fischer Weltgeschichte Band 21, Frankfurt 1971

Henri Stierlin: Die Kunst der Inka, Stuttgart 1997

Garcilaso de la Vega: Wahrhaftige Kommentare zum Reich der Inka, Berlin 1983

Jack Weatherford: Das Erbe der Indianer. München 1995

Gordon R. Willey: Das Alte Amerika. Propyläen Kunstgeschichte, Berlin 1985

Wolfgang W. Wurster: Die Schatzgräber. Archäologische Expeditionen durch die Hochkulturen Südamerikas, Hamburg 1991

Titu Kusi Yupanqui: Die Erschütterung der Welt. Ein Inka-König berichtet über den Kampf gegen die Spanier, Augsburg 1995

Max Zeuske: Die Conquista, Leipzig 1992

Inka Peru. 3000 Jahre indianische Hochkulturen, Herausgegeben vom Haus der Kulturen der Welt, Tübingen 1992

Über den Autor

Mario Koch wurde 1963 in Bad Langensalza geboren. Er studierte von 1985 bis 1990 Geschichte und Ethnographie in Leipzig und Rostock. Im Anschluss folgte ein dreijähriges Forschungsstudium mit Studienaufenthalten in der John Carter Brown Library in Providence, Rhode Island, und im Archivo General de Indias in Sevilla. 1993 Promotion an der Universität Rostock zum Thema: »Die indianischen Bevölkerungsgruppen der Sierra Nevada de Santa Marta in der Übergangsphase zur Kolonialgesellschaft im 16. Jahrhundert«.

Von 1995 bis 2000 redaktionelle Mitarbeit bei der Zeitschrift »Ametas. Mitteilungen und Berichte für völkerkundlich Interessierte« (Sebnitz/Hamburg). Der Autor ist Mitglied im Düsseldorfer Verein für amerikanische Völkerkunde e.V. und im Verein »Dr. Maria Reiche. Linien und Figuren der Nazca-Kultur in Peru« e.V. in Dresden.

Bildnachweis

Archiv für Kunst und Geschichte, Berlin: Umschlag sowie Seite 113–115,
Bernhard Zehr (Oststeinbeck): Seite 116–120
Peter Jöchel (Wittstock): Seite 110–112, 121, 122